DAS GEHEIMREZEPT FÜR DEN PERFEKTEN MANN

MAGNUS LANG

Wie oft haben wir alle in unserem Leben gedacht, dass wir den perfekten Partner gefunden haben? Und einen Fehler gemacht...

Danach dachten wir, dass wir unsere Lektion gelernt haben und dass unsere nächste Wahl die richtige sein wird. Und wieder einen Fehler gemacht... wer weiß wie viele Male.

Genau aus diesem Grund habe ich mich entschieden dieses Buch zu schreiben. Um all den Frauen, die in der Vergangenheit diesem Problem begegnet sind, das Geheimnis zu offenbaren, wie sie ihren Traummann finden und erkennen können - und was am schwierigsten ist - wie sie ihn behalten können. Was kannst du tun, damit er für immer dein bleibt?

EINE ENDLOSE SUCHE

Susan Donoghue, eine führende Mitarbeiterin einer großen Anwaltskanzlei, wachte an diesem Morgen beim Geruch von frischem Kaffee auf. Ihr Mann Robert brachte ihr Kaffee und ihren Lieblingsdonut mit Schokoladen- und Vanillefüllung ans Bett – seit der ersten Nacht, die sie zusammen verbracht hatten. Und in zwölf Jahren Ehe hat er kaum einen Morgen verpasst.

Diese scheinbar unbedeutende Geste war in Wirklichkeit ein wichtiges Ritual, das ihre Beziehung die ganze Zeit über aufrechterhielt. Würde sie den Kaffee selbst zubereiten, würde Robert sofort wissen, dass zwischen ihnen beiden etwas nicht in Ordnung war.

Aufgewachsen auf einer Farm in Iowa als jüngstes Kind von Harrison und Marge Donoghue, hatte Susan immer Schwierigkeiten, ihren Platz in der Welt zu finden. Ihr Liebesleben war da keine Ausnahme. Ihre Beziehungen waren chaotisch und dauerten nie länger als ein paar Wochen. Bis zum Alter von sechsundzwanzig Jahren hatte Susan Donoghue noch nie eine ernsthafte und glückliche Beziehung erlebt.

Männer kamen und gingen, jeder hinterließ ein Loch in ihrem

jungen und naiven Herzen, bis sie es schließlich ganz aufgab und sich nur noch der Arbeit widmete. Ihre Karriere wurde zu ihrer Lebensaufgabe.

Doch jeden Abend, wenn sie sich in ihrer Wohnung im fünften Stock eines großen Wohngebäudes, das nur ein paar Kilometer von ihrem Büro entfernt war, unter ihre Decke gekuschelt hatte, versuchte sie ein oder zwei Stunden lang das Rätsel ihres Liebeslebens zu lösen.

Susan hatte schon immer ein paar Kilo über dem Idealgewicht gelegen, aber das schien keinen Einfluss auf ihr Aussehen zu haben. Männliche Kollegen sprachen sie jeden Tag an, was ein klarer Beweis dafür war, dass Gewicht nichts mit Liebe zu tun hat. Ein paar Donuts ab und zu konnten also nicht die Ursache für ihr Pech in der Liebe sein.

Inzwischen hatte sich bei Susan ein beachtlicher Stapel Bücher angehäuft, die einen Ausweg aus ihrer verzweifelten Situation versprachen. Sie hatte sogar ein ganzes Regal voller Titel, die von einigen der renommiertesten Psychologen, Beziehungsexperten und Feministinnen verfasst worden waren. Susan war fest davon überzeugt, dass sie es herausfinden könnte, wenn sie bei ihrer Suche nur hartnäckig genug bliebt.

Doch ein einziger Vorfall – ein einziger Satz, den sie zufällig gehört hatte – sollte alles verändern, woran sie bisher geglaubt hatte – alles, was sie in all diesen Büchern gelesen hatte.

Während sie sich an diesem Abend mit einem kalten Getränk in der Hand in der Ecke der großen Lounge im Hotel entspannte, wo sie an einer jährlichen Anwaltskonferenz teilnahm, belauschte sie ein nicht ganz so diskretes Gespräch zwischen zwei älteren Frauen, die nur zwei Tische von ihr entfernt saßen.

Susan konnte sich nicht erinnern, wann sie das letzte Mal Frauen Bourbon trinken sah, und diese beiden hielten den

Kellner mächtig auf Trab. Der arme Kerl musste bereits ein paar Meilen gelaufen sein; sobald er ihnen ihre Getränke gebracht hatte, bestellten sie sogleich neue für die nächste Runde.

Die Rothaarige war um die fünfundvierzig und es war klar, dass sie die Alphafrau war. Die andere, eine brünette, ungefähr Dreißigjährige in einer lustig aussehenden Jacke, hörte nur zu, lachte und fügte gelegentlich einen Kommentar hinzu oder stellte eine Frage. Etwas, das die rothaarige Frau an einem bestimmten Punkt des Gespräches sagte, erregte Susans Aufmerksamkeit.

„Ich sagte ihr, dass sie Phantomen hinterherjagt. Es gibt nicht so etwas wie einen perfekten Mann. Wenn du einen willst, musst du ihn dazu machen. So wie ich es getan habe. Aber sie wollte nicht hören, also habe ich…"

Zwei Jahre später traf Susan Robert und ging eine Beziehung mit ihm ein. Nach ein paar Monaten zog Robert bei ihr ein. Ein Jahr später brachte sie einen Sohn zur Welt. Als der junge Matthew zwei Jahre alt wurde, bekam er eine kleine Schwester, Marianne. Für Susan hätte das Leben nicht schöner sein können.

Hatte Susan nun endlich ihr „Phantom" gefangen oder war sie einfach der Weisheit gefolgt, die sie an jenem Abend in der Bar gehört hatte?

Wenn ja, wie hat sie es gemacht?

Eine starke, selbstbewusste Frau zu sein, die Männer bewundern und verehren, bedeutet, das innere Tier eines Mannes kontrollieren zu können.

INHALT

1

WARUM DU IHN NICHT FINDEN KANNST, EGAL, WAS DU TUST

Weil du nicht finden kannst, was nicht existiert.

Als er sieben Jahre alt war, machte Steve Feltham zusammen mit seiner Familie eine Reise zum Loch Ness in den schottischen Highlands. Er besuchte das Loch-Ness-Forschungsbüro und sah dort eine Gruppe von Leuten, die ein Lager in der Nähe von Urquhart Castle aufschlug. Von dort aus beobachteten sie den See in der Hoffnung, die unfassbare Nessie zu entdecken, das berühmte Meeresmonster aus Legenden.

Damals wusste er noch nicht, dass dieses Ereignis einen entscheidenden Einfluss auf sein Leben haben würde.

Nach diesem Familienurlaub machte Steve es sich zur Gewohnheit, Loch Ness zu besuchen und zu versuchen, Nessie zu finden und zu filmen. Der Wunsch, der Erste zu sein, der einen unbestreitbaren Beweis für die Existenz des Loch-Ness-Monsters fand, verwandelte sich bald in eine Leidenschaft, die sich schließlich zu seiner Lebensaufgabe und seiner persönlichen Mission entwickelte.

1991 verließ Steve Feltham sein Familienunternehmen, trennte sich von seiner Freundin und verkaufte sein Haus, um der bis heute bekannteste Nessie-Jäger zu werden. Seine Residenz am Seeufer ist ein Hotspot für Fernsehteams, Fans, Enthusiasten und Touristen. Bis heute lebt Steve in seinem maßgeschneiderten Van direkt am Ufer des Loch Ness und überwacht das dunkle Wasser des alten Sees in der verzweifelten Hoffnung, endlich das Monster zu finden.

Jahre nachdem er sich dort niedergelassen hatte, schrieb Steve: *„Was mich wirklich beeindruckte, war die von ihnen gebaute Plattform, auf der sie eine Filmkamera und ein Stativ montiert hatten; allein das Objektiv muss einen Meter lang gewesen sein. Erwachsene Männer auf der Suche nach Monstern? Fantastisch!"*

So stark können Hoffnung und Glaube sein. Sie vermögen uns auf die wildesten Ideen zu bringen. Wir verbringen Jahre damit, etwas zu suchen, das vielleicht existiert oder auch nicht, nur weil es genug Leute gibt, die daran glauben.

Genau das ist auch bei der berüchtigten Suche nach Mr. Perfect der Fall. Wir glauben irrtümlicherweise, dass wir ihn finden können, wenn wir nur unser Verhalten und unser Aussehen bis zu einem gewissen Grad umprogrammieren.

Leider, genau wie im Fall von Herrn Feltham, können nicht einmal die beste Ausrüstung und das beste Engagement helfen, etwas zu finden, was einfach nicht existiert.

Und während seine Aktion einigermaßen bewundernswert ist, weil er seine Leidenschaft auslebt, kann dies für unsere Suche nicht gesagt werden. Denn im Laufe der Zeit wächst unsere Verzweiflung, bis sie den Punkt erreicht, an dem es kein Zurück mehr gibt und wir hoffnungslos deprimiert werden.

Genau wie Nessie kann der perfekte Mann unserer Träume und Hoffnungen nicht „geboren" oder „gebacken" werden.

DENN ZUERST GAB ES EINEN WOLF

Vor etwa zehntausend Jahren gelang es den Menschen, einen der größten Killer der Welt zu zähmen – den allmächtigen Wolf. Es gibt ein paar plausible Theorien darüber, wie dies gelungen ist, aber eines ist sicher: Es war ein langsamer Prozess, der viel Geduld erforderte.

Raubtiere sind standardmäßig von Geburt an wild und aggressiv. Insbesondere Männchen fällt es schwer, ihre primitiven Triebe zu kontrollieren, besonders wenn sie sich in der Nähe eines Weibchens befinden.

Die Menschen sind nicht anders. Männer sind, wie du weißt, oft verwöhnt, egoistisch, kindisch und aus weiblicher Sicht äußerst aggressiv. Und wenn es um Frauen geht, haben sie keine zwei Gehirnzellen im Kopf. Also braucht es eine feste Hand und die Geduld einer Löwin, um ein solches Tier zu zähmen.

Leider ist das aber genau die Art und Weise, wie Männer verdrahtet sind. Die Natur trickst sie praktisch aus, zum Zwecke der Vermehrung ihrer Art.

Während eine Frau starke Mutterinstinkte hat und oft von Kindern träumt, die in ihrem Garten herumtollen, denkt er nur darüber nach, wie er sie ausziehen kann. Während eine Frau ein natürlicher „Nestbauer" ist, ist er ein Wanderer, dem es schwerfällt, lange an einem Ort zu bleiben, wenn es nichts gibt, was ihn dort festhält. Es gibt also nur eine Sache, die eine Frau und einen Mann wirklich verbindet. Kannst du mir sagen, was das ist?

Ja, du hast recht. Und das liegt daran, dass unser menschliches Tier mit einem bestimmten Hormon im wahrsten Sinne des Wortes überflutet wird, was den gesamten Zähmungsprozess erschwert.

EIN VON TESTOSTERON ANGETRIEBENES TIER

Mit einer zwanzigfach höheren Testosteronproduktion als vergleichsweise bei Frauen sind Männer wortwörtlich zum Töten geschaffen. Die Natur rüstete sie für harte Zeiten aus. Es liegt in ihrer Art, aggressiv zu sein, denn ohne diese spezifische Eigenschaft wären sie als Versorger nutzlos.

Wir sprechen natürlich über jene primitiven Instinkte, die sich in den limbischen Teilen des menschlichen Gehirns befinden, wo es keine Logik und keine Sprache gibt, sondern nur Emotionen.

Unter den Schichten des Neokortex versteckt, kontrollieren die limbischen Teile des Gehirns eines Menschen immer noch den größten Teil seines Verhaltens. Und das hat sich seit dem allerersten aufrechten männlichen Exemplar unserer glorreichen Spezies nicht geändert.

Er könnte einen 2000-Dollar-Anzug tragen und makellos gepflegt sein, aber unter der Maske eines modernen Mannes verbirgt sich der größte Killer der Natur. Drücke den richtigen Knopf und das Tier wird zum Vorschein kommen.

So beängstigend dies auch klingt, es hat so seine Richtigkeit. Denn egal, was du wünschen magst, die Sanftmütigen werden nicht dafür sorgen, dass die Erde fortbesteht. In Wirklichkeit willst du, dass dein Mann stark und selbstbewusst ist. Du willst, dass er jederzeit in der Lage ist, dich und eure Kinder zu beschützen. Du willst, dass er hart arbeitet – für dich.

Daher die Botschaft: Wenn du merkst, dass der Mann, der vor dir steht, ein ängstliches kleines Kind ist, ohne den Willen und die Fähigkeit, für sich selbst einzustehen, ungeachtet der Konsequenzen oder der Umstände, dann ist er als Partner nicht gut genug für dich. Er mag ein großartiger Kumpel sein, aber das ist auch schon das meiste, was du von dieser Beziehung erwarten solltest.

Während es einerseits vorteilhaft für dich ist, ein so starkes männliches Exemplar an deiner Seite zu haben, geht damit auch unweigerlich ein Nachteil einher. Aggressiv und mit ausgeprägten Killerinstinkten geboren, hat dieser Mann „schlechte Manieren" im Bett. Mit anderen Worten, er ist grob und hat null Romantik in sich.

Er ist in der Tat ein Wolf, der mit Geduld gezähmt werden muss, um sich in einen Pudel zu verwandeln, wenn dir danach ist. Doch dieser Pudel, egal wie niedlich er aussieht, beschäftigt sich hauptsächlich…

MIT NUR EINER SACHE IM KOPF

Was ist der erste und jeder nächste Gedanke jedes Mannes, wenn er eine Frau sieht?

Sex. Und zwar eine Menge davon.

Es ist einfach die Art und Weise, wie sie verdrahtet sind. Das wissen wir bereits alle, das ist nun wirklich nichts Neues. Aber es sagt etwas Wichtiges über die Spezies Mann aus.

Im Gegensatz zu den Frauen, die von einem Prinzen auf einem weißen Pferd träumen, der sie von den Füßen fegen und in den nächsten Jahrzehnten in seinen starken Armen festhalten wird, schauen Männer nicht so weit in die Zukunft. Eigentlich reichen ihre „Träume" nur selten über das Schlafzimmer hinaus: zwei Körper, die in einer leidenschaftlichen Umarmung auf den Laken schwitzen und sie zum Orgasmus führt.

In dem Moment, in dem Sexualhormone durch den Körper eines jungen Mannes strömen, wird sein Wesen durch eine zusätzliche Dimension erweitert. Seine angeborene Aggressivität wird nun durch einen unkontrollierbaren Sexualtrieb angeheizt. Und genau wie jeder andere junge Wolf wird er alles bumsen, ohne das Gesamtbild zu berücksichtigen, wie beispielsweise, nun ja, eine Beziehung. Er hat nur ein kurzfristiges Ziel, und das besteht darin, in dein Höschen zu kommen.

Dabei spielt es keine Rolle, ob er ein heranwachsendes Muttersöhnchen ist oder ein erwachsener Familienvater. Sein Verstand produziert die gleichen Assoziationen, wann immer er eine Frau erblickt: zwei Körper, die auf dem Rücksitz seines Autos schwitzen, im Bett eines Hotelzimmers oder, noch besser, irgendwo in der Öffentlichkeit.

Im Grunde genommen liegt es nur an den aufgezwungenen moralischen Konventionen unserer modernen Gesellschaft, dass Männer nicht in Klubs herumstreunen, um nach potenziellen Partnerinnen für ihre Fortpflanzung zu suchen.

Ja, wenn du darüber nachdenkst, dann ist das…

DER VERSTAND EINES EGOZENTRISCHEN TIERES

Männer interessieren sich nur für sich selbst. Sie kümmern sich nur darum, ihre eigenen Bedürfnisse zu befriedigen – selbst auf Kosten anderer, wie du es wahrscheinlich schon öfter am eigenen Leib gespürt hast.

Ist nun wieder die Natur daran schuld? Können wir Gott die Schuld dafür geben?

Nun, um ehrlich zu sein, spielt bei der Erziehung eines egozentrischen Bengels die Mutter eine entscheidendere Rolle. Die jahrelange Betreuung ihres kleinen Prinzen und die Sorge um seine Bedürfnisse züchten letztendlich einen verwöhnten Bengel, der von anderen erwartet, dass sie ihm jeden Wunsch von den Augen ablesen.

Wenn du nicht achtgibst, wirst du genau in diese Falle tappen. Mit anderen Worten, du wirst seine Ersatzmutter werden, und das ist wirklich nicht das, was du dir wünschen solltest – egal, was dir gesagt wurde! Anstatt einen treuen, selbstbewussten Ehemann an deiner Seite zu haben, der die Extrameile für dich gehen wird, wirst du dich am Ende noch um einen weiteren Jungen kümmern.

Um es zusammenzufassen: Wir fangen mit einem wilden, blutrünstigen Wolf an…

2

UM DANN EINEN KLEINEN ÄNGSTLICHEN JUNGEN MIT SPIELZEUG ZU BEKOMMEN

Zum fünften Geburtstag ihres Sohnes kaufte Susan Donoghue ihm eine Spielkonsole und ein paar trendige Spiele. Sie war so aufgeregt, seine Reaktion und sein bezauberndes Lächeln zu sehen. Sie packte es vorsichtig in blaugrünes Geschenkpapier und legte es unter das Kingsize-Bett in ihrem Schlafzimmer. Das war zwei Wochen vor der Geburtstagsfeier, und Susan tat alles, was sie konnte, um die Überraschung nicht zu ruinieren.

Es war Mittwochabend, als Susan von der Arbeit nach Hause kam, nur drei Tage vor der Party für den kleinen Matthew. Schon vor der Haustür hörte sie einen Tumult; laute, jubelnde Männerstimmen drangen aus dem Haus. Sicherlich hatte ihr Mann Robert einige seiner Kollegen eingeladen, um sich gemeinsam das Fußballspiel anzusehen, dachte sie sogleich erleichtert. Klar, es gab Zeiten, in denen sie sich zusammenreißen musste, sie nicht alle miteinander rauszuschmeißen, einschließlich Robert. Aber dann mahnte sie sich, wie froh sie doch sein konnte, dass Robert lieber zu Hause bleiben und das Spiel anschauen wollte, statt den Abend mit knapp bekleideten jungen Kellnerinnen zu verbringen.

Doch als sie die Haustür öffnete, hatte sie das Gefühl, ihre ganze Welt würde zusammenbrechen. Da saßen sie zu fünft, alle in ihren Dreißigern, Robert inmitten des Ganzen, der gerade ein Spiel auf der Konsole spielte, die sie für Matthew gekauft hatte! Überall um sie herum lagen die Geschenkpapierfetzen, aber das schien sie nicht im Geringsten zu stören. Sie waren so sehr auf das Spiel fokussiert, dass keiner von ihnen überhaupt mitbekommen hatte, dass sie hereingekommen war.

Da saßen sie einträchtig beisammen, fünf erwachsene Männer...

MÄNNER UND DIE MAGISCHE ZAHL ZWÖLF

Eines Tages, als Robert etwa zwölf Jahre alt war, ging er zum Spielen ins Haus seiner Tante. In einem der Regale im Wohnzimmer stand dieses Bastelbuch. Robert war sehr daran interessiert zu lernen, wie man einen guten, stabilen Bogen anfertigt. Aber während er durch die Seiten blätterte, stieß er auf etwas viel Interessanteres. Es gab eine detaillierte, Schritt-für-Schritt-Anleitung, wie man einen industrietauglichen Sprengstoff herstellt.

Bald wurde ihm klar, dass er alle notwendigen Zutaten hatte, denn sein Großvater war ein Landwirt mit einem riesigen Grundstück, auf dem er Mais und Weizen angebaut hatte und allem anderen, was das Vieh in den Scheunen brauchte. Zumindest glaubte Robert das.

Ohne auch nur eine Sekunde zu verschwenden, machte er sich flugs auf den Rückweg zu seinen Großeltern. Es war Nachmittag, die Zeit, in der sie ihren üblichen Nachmittagsschlaf hielten; ein idealer Zeitpunkt für ihn, um den beschriebenen Abrissziegel herzustellen.

Eine halbe Stunde später hatte Robert den recht großen Ziegelstein aus hausgemachtem Industriesprengstoff an der Wand des Lagerhauses seines Großvaters befestigt und die improvisierte Schnur angezündet, die er vorher in Dieselkraftstoff getränkt hatte.

Er entfernte sich so weit wie möglich und duckte sich hinter die Wand einer nahe gelegenen Scheune, in der über hundert Melkkühe untergebracht waren. Minuten vergingen, aber nichts passierte, sodass der junge Robert nervös wurde. Was hatte er falsch gemacht?

Jahre später erfuhr Robert alles über das fehlende Teil des Puzzles, das ihn daran gehindert hatte, das Lagerhaus seines Großvaters zu sprengen. Und seien wir doch ehrlich – wenn man die Gesamtmenge der Inhaltsstoffe betrachtet, wäre dies eine spektakuläre, laute und verheerende Explosion gewesen!

Robert entwickelte eine so große Leidenschaft für Sprengstoffe und Demolierungen, dass er eine beachtliche Karriere als einer der renommiertesten Spezialisten für den Abriss von komplexen Gebäuden machte. Und alles begann mit einem einzigen Knallfrosch, den sein Vater am 4. Juli in den Garten warf, als Robert gerade mal fünf Jahre alt war.

Egal wie alt sie werden, Männer entwickeln sich nie wirklich über das Alter von zwölf Jahren hinaus. Das Kind versteckt sich immer irgendwo in ihm und wartet nur auf eine günstige Gelegenheit, freigelassen zu werden.

Für die meisten von ihnen ist dies das glücklichste Alter und sie kehren immer wieder zu ihm zurück. Er wird vergessen, ein Foto an die Wand zu hängen, um das du ihn vor ein paar Wochen gebeten hast, aber er wird „instinktiv" zum Controller einer Spielkonsole greifen und ein paar Adrenalin-Spiele spielen. Genau wie ein Alzheimer-Patient, der sich manchmal sehr genau an eine Zeit oder an ein Ereignis erinnern kann, das vor vierzig Jahren stattfand, aber nicht den Weg zum verdammten Badezimmer finden kann.

Hast du irgendwelche Zweifel daran?

Wann hast du das letzte Mal mit deiner Barbiepuppe oder mit deiner Puppenstube gespielt? Und jetzt versuche dich daran zu erinnern, wann du das letzte Mal erwachsene Männer gesehen hast, die Kriegsspiele gespielt haben oder einander mit Autos oder Motorrädern nachgejagt sind.

Und das passiert normalerweise, wenn er rausgeht...

ZUSAMMEN MIT SEINEN FREUNDEN

Die starken männlichen Beziehungen, die sich in jungen Jahren gebildet haben, halten oft ein Leben lang, besonders mit dem einen Freund, der für ihn da ist, egal was passiert, sogar nach jahrelanger Unterbrechung. Sie machen einfach dort weiter, wo sie aufgehört haben, ohne Fragen zu stellen.

Insbesondere wenn der Mann Single ist, werden ihn diese männlichen Freunde auf ein einziges Ziel fixieren – Spaß zu haben. Dieser Spaß beinhaltet intensives Feiern, auf Frauenjagd gehen, Schlägereien und in den meisten Fällen Verwüstung von Privateigentum anderer Menschen. Aus irgendeinem seltsamen Grund finden die meisten Männer, dass die Missachtung des Gesetzes und die Überschreitung gesellschaftlicher oder moralischer Konventionen das Aufregendste ist, was sie tun können, wenn sie sich langweilen.

Wie beeinflusst das Ganze wohl seine Bereitschaft, sich auf eine ernsthafte, verantwortungsvolle Beziehung einzulassen?

Allein der Gedanke, sich langfristig zu binden, mit allem, was damit in Zusammenhang steht, jagt ihm Todesangst ein. Das ist eine Tatsache, ganz egal, wie sich ein junger Singlemann in der

Öffentlichkeit präsentiert. Tief in seinem Inneren gibt es diesen unerklärlichen Drang, da rauszukommen, sobald es auch nur nach einer langfristigen Beziehung riecht.

Es ist ein angeborener Instinkt sowie das Resultat seiner Erziehung und der Erfahrungen mit all den bösen Streitereien zwischen seiner Mutter und seinem Vater. Seine Freunde werden diese Paranoia nur noch verstärken, mit all den *„tragischen Beispielen von verheirateten Männern, die von ihren emanzipierten Frauen ihrer Männlichkeit beraubt wurden, bis auf das letzte Gramm"*. All das macht ihn und seine Freunde unsicher, schon bei der geringsten Unannehmlichkeit in einer ansonsten entspannten und fröhlichen Umgebung.

UND WENN ES BRENZLIG WIRD, SUCHEN SIE DAS WEITE

Selbst die lächerlichsten und harmlosesten Auseinandersetzungen mit einer Frau können das kleine Muttersöhnchen abschrecken – Heute mehr als jemals zuvor. Wenn ein Mann von einer Frau zur Rede gestellt oder auf irgendeine andere Weise von ihr herausgefordert wird, wird er wahrscheinlich die Beziehung beenden.

Es ist exakt das Verhalten eines sechsjährigen Jungen, der sich hinter dem Rock seiner Mutter versteckt, um sich vor drohender Gefahr oder einer unangenehmen Situation zu schützen. Und es ist die Mutter, die ihn so gemacht hat.

Du kannst ihr das noch nicht einmal übel nehmen, denn das ist nun mal genau die Art und Weise, wie sie „tickt", wenn es um ihre „Küken" geht – insbesondere wenn es sich bei diesem Küken um ihren *Sohn* handelt.

Jedes Mal, wenn Roberts Vater, Mr. James Donoghue, sich darüber aufregte, dass Robert keine Verantwortung für sich selbst übernahm, mischte sich Roberts Mutter Jasmine ein, indem sie Roberts Vater beschimpfte – in ihrem instinktiven Versuch, ihr Kind zu beschützen.

Stell dir nun vor, was für Auswirkungen ein solches Szenario auf diesen jungen Menschen haben muss.

Erstens, Robert ist Zeuge dieses Furcht einflößenden Ereignisses, als seine Mutter seinen Vater mit einem einzigen raschen Zug niedergelegt hat. Zweitens stellt sie sich zwischen ihren Sohn und ihren Mann – eine unangenehme Situation. Und diese Art von Vorfällen wiederholt sich während der Entwicklungsphase des kleinen Jungen immer wieder.

Das Resultat ist ein Muttersöhnchen, das zu seiner Mutter zurücklaufen wird, sobald eine Frau ihm Angst macht. Und, wie bereits erwähnt, Männer bekommen leicht Angst, was Susan in ihrer Beziehung schon bald erfahren sollte.

Dieses geringe Maß an Konfliktfähigkeit – unabdingbar in jeder Beziehung – wurzelt also in einer völlig falschen Erziehung. Aber es gibt noch etwas anderes in Bezug auf die Art und Weise, wie ein Junge erzogen wird, das ihn völlig unfähig für eine langfristige emotionale Bindung macht.

Vielleicht bist du dir dessen gar nicht bewusst, aber bis jetzt hattest du immer Beziehungen zu…

3

JUNGS, DIE IM FALSCHEN KELLER GEREIFT SIND

Nehmen wir mal einen von ihnen näher unter die Lupe. Wähle irgendeinen Mann aus deiner Vergangenheit aus, mit dem du längere Zeit zusammen warst.

Denke daran: Seine Mutter hat ihn von Anfang an so geformt, dass er zu IHR – und nicht zu DIR – passt!

Dabei hat sie nie berücksichtigt, was für Auswirkungen ihre Erziehungs- und Pflegemethoden haben könnten auf sein zukünftiges Leben und die Fähigkeit, eine langfristige Beziehung aufzubauen. Mit anderen Worten: Er ist im falschen Keller gereift.

Sicher, sie wird ihm immer wieder sagen, dass er behutsam und liebevoll zu Mädchen sein soll, aber das ist im Grunde genommen auch schon alles. Sie wird keinen einzigen Schritt unternehmen, um ihn auf das vorzubereiten, was einmal auf ihn zukommen wird.

Aber die Mutterfigur ist nicht die einzige Schuldige. Sein Vater, seine Familie, seine Freunde – das gesamte soziale Gefüge – sie alle werden nichts unternehmen, um dem Muttersöhnchen beizubringen, wie man zu einem vernünftigen, verantwortungsbewussten Mann heranreift, bis man das Nest verlässt.

Das Ende vom Lied ist, dass er völlig verwirrt und desorientiert ist und nicht genau weiß, was er tun soll…

WIDERSPRÜCHLICHE AUSSAGEN

Bedenke einmal Folgendes: Im Normalfall wird ein Junge von einem Vater und von einer Mutter aufgezogen. Also von zwei völlig unterschiedlichen Wesen, die in ihrer Denkweise nicht unterschiedlicher sein könnten. Dem füge man noch den Beitrag unserer Gesellschaft hinzu.

Auf der einen Seite hast du also (hoffentlich) eine liebevolle und fürsorgliche Mutter, die ihrem Sohn beibringt, andere mit Respekt zu behandeln, insbesondere Frauen. Auf der anderen Seite gibt es einen Familienvater oder einen frustrierten alten Wolf, der seine früheren Fehler ausmerzen will, indem er seinem jungen Spross beibringt, wie man alles „richtig macht", besonders wenn es um Frauen geht.

Und dann gibt es da noch diese konfuse dritte Seite, die den Verstand eines Mannes nun völlig durcheinanderbringt – das in der Öffentlichkeit vorherrschende Bild der starken, selbstbewussten Frau, die nicht wirklich einen Mann braucht.

Mannomann, dieser Trend namens *Feminismus,* den begreift er nicht so wirklich. Als er noch ein kleiner Junge war und in den Schulbus stieg, da war dieses hübsche Mädchen, das versuchte, seine Schultasche in das Ablagefach über den Sitzen zu legen. Er erinnerte sich sofort an die Worte seiner Mutter und wollte ihm zu Hilfe eilen. Aber dann erschien sein Vater vor seinem geistigen Auge, der sagte: *„Wenn du einer Frau den kleinen Finger reichst, wird sie gleich die ganze Hand nehmen."* – Dieses „Dogma" ebenso wie das gesellschaftliche Bild der starken, unabhängigen und selbstbewussten Frau hatte sich tief in sein Gedächtnis eingegraben. Wenn sie doch so stark und unabhängig war, warum zum Teufel brauchte sie ihn dann, um sich die Tasche hochheben zu lassen? Irgendwie passte das nicht zusammen.

Ein paar Wochen später stieß er im Pausenhof auf das gleiche Mädchen aus dem Bus, in dem verzweifelten Versuch, es zu erobern. Ausgelassen plauderte sie mit ihren Freundinnen, ohne ihn eines Blickes zu würdigen. Wie sollte er sich nun verhalten? Sollte er den sanften Weg wählen, den seine Mutter ihm nahegelegt hatte? Oder sollte er seine Schultern straffen und mit stolzgeschwellter Brust und erhobenen Hauptes an ihr vorbeimarschieren, so wie es ihm sein Vater beigebracht hatte? Oder war eine mysteriöse Option C, die zu der „starken und unabhängigen Frau" passte, die richtige Lösung?

Er war vollkommen verwirrt. All diese widersprüchlichen Aussagen verursachten ein riesengroßes Chaos in seinem Kopf und schufen damit die besten Voraussetzungen, völlig zu versagen – möglicherweise würde man ihn obendrein auch noch verspotten.

Aber hey, er war doch noch ein Kind! Früher oder später würde er sich entwickeln und erwachsen werden. Dann würde er wissen, was zu tun war. – Aber würde er das wirklich?

Spulen wir die Zeit ein wenig zurück:

Während seiner Pubertät war Robert häufig Konflikten zwischen seinen Eltern ausgesetzt. Meistens ging seine Mutter als Siegerin aus diesen Streitereien hervor und ließ seinen Vater völlig sauer zurück. Robert war verunsichert, was er von alldem halten sollte.

Und dann gab es da noch dieses Bild der starken und selbstbewussten Frau, die in dieser modernen Zeit nicht wirklich einen

Mann brauchte. Die Gesellschaft hatte dafür gesorgt, dass eine Mutter ihre Kinder allein großziehen und sogar zeugen konnte, ohne hierfür ein männliches Wesen zu benötigen.

Das Ganze verwirrte ihn so sehr, dass er nun gar nicht mehr wusste, was seine Rolle in dieser Welt eigentlich war. Er war schlicht und einfach überfordert von all diesen widersprüchlichen Aussagen...

DIE LETZTENDLICH EINEN RÜCKSICHTSLOSEN, GLEICHGÜLTIGEN DEPP ERZEUGEN!

Er war im Grunde ein verwöhnter kleiner Bengel, völlig unsensibel gegenüber Mädchen und Frauen und ihren Bedürfnissen. Sein ohnehin schon geringer Respekt gegenüber Frauen wurde durch die gelegentliche Predigt seines Vaters noch zusätzlich verstärkt: *„Mach nicht den gleichen Fehler wie ich, lass die Frauen nicht nach Lust und Laune auf deiner Seele herumtrampeln."*

Ja, seine Mutter sprach immer nur über Mädchen und dass er sie nicht beleidigen oder verletzen dürfe. Aber dann erinnerte er sich an ein paar lautstarke Auseinandersetzungen zwischen seinen Eltern und er warf alles über Bord. Warum zum Teufel sollte er sich solchen unangenehmen Situationen aussetzen? Warum sollte er sich überhaupt mit so etwas Lästigem abgeben? Es wäre doch viel einfacher, Autorität und Gewalt zu demonstrieren, um das ach so empfindliche weibliche Geschlecht einzuschüchtern. Zumindest wenn seine Gegnerin deutlich schwächer war als er, würde er in diesem Fall die Oberhand behalten.

So wird ein junger Mann also letztendlich die ganze Sache mit dem weiblichen Geschlecht und der Beziehungspflege sehen, sofern ihm niemand etwas anderes beibringt!

JEDER WEISS ES, ABER KEINER UNTERNIMMT ETWAS DAGEGEN

Niemand – nicht seine Eltern, nicht die Schule und schon gar nicht die Gesellschaft – gibt sich auch nur die geringste Mühe, einem kleinen Jungen etwas über das Leben mit einer Frau beizubringen. Es herrscht eine chronische Abwesenheit jeglicher Art echter Vorbereitung auf eine Beziehung, auf eine Ehe und auf Kindererziehung; er bekommt nur das mit, was er während seines Erwachsenwerdens erlebt.

Wir alle wissen, dass man, wenn man für etwas nicht richtig ausgebildet ist, es auch nicht effizient ausüben kann. Aus irgendeinem Grund gibt es auf diesem Planeten keinen einzigen ernsthaften „Kursus", der einen jungen Mann auch nur ansatzweise auf diese Art von Engagement vorbereiten würde. Und so ist er gezwungen, seinen eigenen Weg zu gehen.

Häufig ist dieser Lernprozess mit schwierigen Phasen verbunden, nicht nur für ihn, sondern auch für die Frau, die sich emotional auf ihn einlässt. Wenn sie jedoch hartnäckig „dranbleibt" und davon ausgeht, dass er kein Soziopath ist, wird er sich letztendlich entwickeln können und sich an die neue Situation gewöhnen. Sie wird das „Tier" erfolgreich zähmen und er wird der perfekte Mann für sie werden.

Im Endeffekt haben wir es mit fünf verschiedenen Männertypen zu tun. Jeder einzelne Typ wird durch Hunderte von verschiedenen Faktoren und vielen bedeutsamen Situationen geprägt, die einen wichtigen Einfluss auf seine Denkweise ausüben. Für unser Thema sind diese Faktoren irrelevant, da sie außerhalb unseres Einflussbereiches liegen. Was eine Frau jedoch tun kann, ist, zu erlernen, die subtilen Zeichen zu erkennen, die ihr signalisieren, welcher Typ Mann gerade vor ihrer Tür steht, ihr Blumen hinhält und sie anlächelt.

Warum es wichtig ist, dies zu wissen? Ich sage dir, warum:

a) Weil es die Vorgehensweise bestimmen wird, mit der du das Tier zähmen wirst.

ODER:

b) Weil es dich zwingen wird, ihn fallen zu lassen und in eine andere Richtung zu gehen.

Es liegt in der Natur eines Soziopathen, seine eigenen Defizite zu kompensieren, indem er eine Frau unterdrückt und schonungslos missbraucht, die er in seinem sorgfältig gewebten Netz gefangen hat, gut versteckt vor den Augen der Welt.

4

AUF INS REICH DER MÄNNER

Als Mary-Elizabeth Perkins ein junges Mädchen im Teenageralter war, träumte sie von einem Mann, der sie nach einem romantischen Abendessen auf der Terrasse seines Strandhauses mit seinen starken Armen in sein großes Schlafzimmer im ersten Stockwerk tragen würde. Seine unwiderstehlichen Augen lächelten sie den ganzen Weg nach oben an. Und jedes Mal, wenn sie in diese wunderschönen braunen Augen sah, war sie überrascht, wie diese Augen auch nach Jahren hingebungsvoller Ehe immer noch die gleiche Leidenschaft und grenzenlose Liebe ausstrahlten.

Mary-Elizabeth war sehr unzufrieden mit ihrem Äußeren. In den ersten Jahren ihres Studiums beschloss sie, etwas dagegen zu tun. Sie ließ sich beraten und geriet an Personen, deren falschem und gefährlichem Einfluss sie in ihrer Verzweiflung unterlag. Das ging so weit, dass sie versuchte – nur um den Männern zu gefallen –, ihr Verhalten, ihren Körper und ihre Mimik zu ändern. Sie unterzog sich sogar wider besseres Wissen einigen gefährlichen chirurgischen Eingriffen, um attraktiv auf Männer zu wirken.

Schließlich, genau zu dem Zeitpunkt, als sie ihren Abschluss machte, traf sie Jonas Stimson, einen attraktiven Versicherungsmakler, der nur ein paar Jahre älter war als sie. Mit seinem ausgesprochen erwachsenen Auftreten und seinem unwiderstehlichen Charme, der Lichtjahre entfernt war von dem, was sie in ihrem Studentenwohnheim erlebte, verliebte sie sich Hals über Kopf in ihn.

Leider dauerte es nicht lange, bis sie auf die harte Tour erfuhr, dass Jonas nicht der Mann war, für den sie ihn gehalten hatte. Mary-Elizabeth Perkins fand sich plötzlich in einer Beziehung mit einem kontrollsüchtigen, narzisstischen Soziopathen wieder.

Es ist so, wie wenn du etwas schnitzt: Deine Vorgehensweise beim Schnitzen eines Elefanten aus einem Stück Stein hängt überwiegend von der Beschaffenheit des Gesteins ab, also davon, wie rau und hart dieses Gestein ist. Erst nachdem du über die Beschaffenheit im Bilde bist, kannst du die richtigen Werkzeuge und Schnitztechniken auswählen.

Im Allgemeinen unterscheiden wir zwischen fünf Haupttypen von Männern. Mit Ausnahme des letzten in der nun folgenden Auflistung hat jeder Typ ebenso seine guten Seiten, aber auch einige schwerwiegende Defizite, und jeder (außer dem letzten) hat seine ganz bestimmte Rolle in unserer modernen Gesellschaft.

Du kannst lernen, die Hinweise zu erkennen, sodass du den Mann, dem du begegnen wirst, in die richtige Kategorie einordnen können wirst. Versäumst du dies, wirst du am Ende völlig enttäuscht sein oder Jahre damit verbringen, das Unmögliche zu versuchen.

Also, lass uns in das Reich der Männer eintreten und unseren ersten Typ betrachten. Er ist…

DER HELD AUS UNSEREN TRÄUMEN, DER GLEICHZEITIG EIN WEICHEI IST

Unsere Welt, oder besser gesagt unsere Gesellschaft, besteht aus drei Arten von Menschen:

1. Menschen, die sich fragen, was los ist;

2. Menschen, die wissen, was los ist; und schließlich

3. Menschen, die etwas bewirken.

Unser erster Männertyp – der seltenste unter den fünf Haupttypen – gehört charakteristischerweise zu der letzten Gruppe. Er ist ein „Held" oder ein sog. „Alphamann", der Typ, der „Berge versetzt", wenn es die Situation erfordert. Er fürchtet nichts und niemanden und hinterlässt mit jedem seiner Schritte beeindruckende Spuren. Kurz gesagt…

ER GEHT AUFRECHT UND HERRSCHT ÜBER ALLES

Alles, was er tut, löst bei seinen Nachfolgern Bewunderung aus. So wie ein Männermagazin diesen Typ zutreffend beschrieben hat, hat er „den besten Platz im Haus, das beste Essen im Haus und vor allem die beste Frau im Haus".

Selbstverständlich möchte sich jede Frau mit nur einem Funken Verstand mit so einem allmächtigen Alphamann einlassen, denn er ist eine Garantie für das, was Frauen am meisten schätzen – Sicherheit.

Mit einem Alphamännchen an deiner Seite bist du praktisch unangreifbar. Egal, was du tust, er steht immer hinter dir, selbst wenn es bedeutet, sich dadurch selbst in Gefahr zu bringen. Er hat die Eigenschaft, den Menschen in seiner Umgebung ein Gefühl von Sicherheit und Geborgenheit zu geben. Er trotzt jedweder Herausforderung, denn er ist sich bewusst, dass seine

Herrschaftszone ihre sichere Zone ist, in der sie sich geborgen fühlen.

DOCH ER WURDE NICHT ALS ALPHAMANN GEBOREN

Eigeninitiative und Engagement haben ihn zu einem Alphamann gemacht.

Niemand wird als Alphamann geboren. Genauso wie Mr. Perfect *entwickelt sich* ein Mann im Laufe der Zeit zum Alphamann, bedingt durch seine Bereitschaft, seine Komfortzone zu verlassen. Mit anderen Worten, er ist derjenige, der nie aufgibt und immer nach mehr strebt, weil er weiß, dass es machbar ist, und – was noch wichtiger ist – weil er weiß, wie man es macht.

Aber da er nicht so geboren wurde, werden die Überreste seiner ursprünglichen Programmierung in bestimmten Situationen aktiviert, was ihn wieder wie in seiner Jugend unsicher erscheinen lässt, daher…

DIE UNVERMEIDLICHE „WEICHEI"-SEITE

Es ist unglaublich, aber wahr: Ein starker, selbstbewusster Alphamann, der eine ganze Armee in die Schlacht führen würde, erscheint verwirrt und unsicher im Angesicht einer Frau, zu der er sich stark hingezogen fühlt.

Es ist in gewisser Weise paradox und der Grund, warum so viele Alphamänner Singles sind oder sich in einer aussichtslosen Beziehung befinden, a) weil die Frau entweder sein Potenzial nicht wirklich schätzt und somit keinen Fortschritt anregt, von dem beide profitieren würden, oder b) weil die Frau sich alle Mühe gibt, ihn auf die völlig falsche Weise zu unterdrücken. In den meisten Fällen enden diese Beziehungen schon, bevor sie überhaupt richtig angefangen haben.

Niemand kann die Ursachen für einen so schnellen Verlust des Selbstbewusstseins bei diesem ansonsten zu selbstbewussten männlichen Exemplar wirklich erklären, wenn er sich seiner Angebeteten erstmals nähert. Man kann sich kaum vorstellen, dass ein Mann, der sich freiwillig vor eine Kugel stürzen würde, um einen anderen Menschen zu retten, wie ein Tier schwitzt, während er unbeholfen versucht, seinen Namen auszusprechen und etwas Schlaues zu sagen, um sie zu beeindrucken.

Doch im Endeffekt solltest du immer nach diesem Männertyp suchen. Sei einfach kein Spielverderber und hilf ihm ein wenig. Es wird sich auf Dauer wirklich auszahlen.

Neben dem „echten“ Alphamann gibt es den „Möchtegern-Alphamann“. Sie sind sozusagen ein „Doppelpack“. Ganz im Gegensatz zu ihnen steht der „Betamann“.

5

DER MÖCHTEGERN-ALPHAMANN UND DER BETAMANN

Ein Möchtegern-Alphamann ist quasi der „Vizekommandant" im Reich der Männer, aber dennoch der bedeutende „Antrieb". Das ist der Typ Mann, der seine Zeit damit verbringt, ständig mit dem Alphamann zu konkurrieren und ihn herauszufordern. Im direkten Vergleich gibt es keine wirklichen Unterschiede zwischen dem Alphamann und dem Möchtegern-Alphamann, während der Betamann mit diesen beiden kaum etwas gemeinsam hat.

DER ERSTE IST DER HAUPTANTRIEB

Ein Möchtegern-Alphamann ist der Hauptantrieb für den Fortschritt des Alphamanns, weil er dem Alphamann sozusagen „über die Schulter blickt" und ihm keine Fehler gestattet. Seine Aufgabe besteht darin, den Alphamann schon bei dem kleinsten Anzeichen von Schwäche herauszufordern. Wenn es ihm gelingt, ihn zu besiegen, übernimmt er das „Zepter"; schließlich ist er ebenfalls mit dem Gesamtpaket ausgestattet, das einen Alphamann ausmacht.

DIE POSITION DES MÖCHTEGERN-ALPHAMANNS HEMMT VORÜBERGEHEND SEINE „WEICHEI“-SEITE

Wenn der Alphamann sich in einer Situation befindet, in der er von einer Frau „blockiert“ wird, tritt der Möchtegern-Alphamann in Aktion. Es ist genau diese Schwäche, auf die er wartet, um in die entscheidende Angriffsposition zu gehen. Und solange er der „Vizekommandant“ ist, bleibt seine „Weichei“-Seite diskret vor der Öffentlichkeit verborgen. Die meisten solcher Aktionen enden allerdings in einer totalen Katastrophe, wegen des falschen Motivs hinter der Entscheidung des Möchtegern-Alphamanns, eine Frau anzusprechen und zu verführen, die zuvor vom Alphamann ausgewählt wurde. Denn im Gegensatz zum Alphamann, der sich wirklich für die Frau interessiert, besteht das einzige Interesse des Möchtegern-Alphamanns darin, dem Boss eins auszuwischen.

Doch sobald der Möchtegern-Alphamann den großen Häuptling besiegt hat und dessen Platz einnimmt, wiederholt sich die ganze Geschichte. Jetzt ist er es, der vor der Frau, die er attraktiv findet, stottert und schwitzt.

Eine interessante Welt, dieses Reich der Männer, nicht wahr?

Sowohl der Alphamann als auch der Möchtegern-Alphamann sind dafür geboren, in jeder Situation das Kommando zu übernehmen…

WÄHREND DER BETAMANN DARAUF PROGRAMMIERT IST, ZUR SEITE ZU TRETEN

Er ist der tolle und lustige Typ, der immer versucht, dich zum Lachen zu bringen. Er ist zwar engagiert, besitzt aber keinen großen Ehrgeiz, etwas zu bewirken, was ihn im Prinzip zu einem Betamann macht.

Ein Betamann neigt eher zur Ausführung, ohne Anweisungen zu hinterfragen, und als solcher ist er ideal für die größte Anzahl von Frauen.

Der Grund, warum Frauen sich zu diesem Typ hingezogen fühlen, liegt jedoch nicht nur daran, dass sie ihn herumschubsen oder mehr oder weniger leicht kontrollieren können, sondern vor allem an seinem unbestreitbaren Mut.

Der Betamann ist nämlich der Kerl, der gerne sein Leben für das Überleben der Gruppe und derjenigen, die ihm am nächsten stehen, opfern wird. Er hat dieses ausgeprägte Zugehörigkeitsgefühl, Respekt vor dem Anführer und das volle Bewusstsein seiner eigenen Grenzen. Er besitzt nun mal keinen Ehrgeiz, das ist einfach so. Aber einer Sache kannst du dir gewiss sein: Wenn es die Umstände erfordern, wird er sich für dich ins Feuer stürzen!

Mit dem Betamann gehen uns die hochwertigen Männer aus, die der Zeit und der Mühe wert sind. Die beiden folgenden Typen sind absolute No-Gos, also lies die folgenden Abschnitte bitte besonders aufmerksam.

6

DAS TOTALE WEICHEI UND EIN „FASS OHNE BODEN“

Er hat einen Penis, also ist er aus rein biologischer Sicht ein Mann. Aber da endet jede Ähnlichkeit mit einem echten Mann auch schon.

Ein Weichei ist der Typ, der, wenn er sich einer Herausforderung oder – Gott bewahre! – einer echten Gefahr stellen muss, so schnell laufen wird, wie ihn seine Beine tragen können. Er wird sich wahrscheinlich nicht hinter dir verstecken, um dich als Schutzschild zu benutzen, aber er wird mit Sicherheit nichts tun, um dich aus einem brennenden Gebäude herauszuholen.

ER WIRD VON DER ANGST BEHERRSCHT

Also bleibt er strikt in seiner imaginären Komfortzone, ohne den Wunsch, sich in irgendeiner Weise zu zeigen.

Im Privat- und Berufsleben wird es ein Weichei niemals wagen, auch nur die geringste Initiative zu ergreifen. Dennoch ist es genau dieser Typ, hinter dem sich oft ein Soziopath oder ein Mann verbirgt, der in der Öffentlichkeit winziger als ein Mohnkorn ist, in seinen Beziehungen ist er jedoch ein blutrünstiges Tier und…

ER NEIGT ZUM DROGENMISSBRAUCH

Sehr oft schluckt dieser Typ heimlich Antidepressiva und große Mengen von Alkohol und Drogen. Und das alles wegen dieses Drangs, sich vor der Realität zu verstecken. Leider äußert sich diese „Flucht“ vor sich selbst und der Realität häufig in Form von brutalem Missbrauch der Partnerin.

UND DOCH IST ER BESSER ALS DIESER GESAMTE GENETISCHE FEHLER

Ein Typ ist noch schlimmer als das totale Weichei. Unsere Gesellschaft hat noch nicht einmal einen Namen für diesen Typ gefunden, also zögere nicht, dir selbst einen geeigneten Namen auszudenken, nachdem du das hier gelesen hast.

Dieser Typ ist im wahrsten Sinn des Wortes ein „Fass ohne Boden“ und die gefährlichste Art von Mensch.

Nicht nur, dass er bei dem kleinsten Anzeichen von Gefahr zusammenbricht, er ist auch der Typ, der sich hinter dir versteckt und dich als Schutzschild benutzt. Hinterhältige Tricks sind seine liebste Methode, weil er feige ist.

Man erkennt diesen Typ an seinem extrem antisozialen Verhalten. Er ist oft allein und verbringt seine Zeit damit, aus dem Keller seiner Mutter im Internet zu stöbern.

Wenn auch nur die geringste Möglichkeit besteht, dass du es mit einer so würdelosen Kreatur zu tun hast, dann nimm deine Beine in die Hand und lauf weg.

Hiermit beenden wir unsere Reise durch das Reich der Männer. Es ist eine eigenartige und seltsame Welt, die sich so sehr von der Welt der Frauen unterscheidet. Dennoch können Frauen nicht wirklich ohne die Spezies Mann leben, egal was manche Leute uns weiszumachen versuchen. Deshalb ist es die Aufgabe einer Frau, so viel wie möglich über diese Gattung Mann zu lernen, denn dies wird ihr auf lange Sicht viel Ärger und Probleme ersparen, die sich leicht in eine Hölle verwandeln können, so wie es bei Mary-Elizabeth der Fall war.

Frauen sollten also besser lernen, wie sich solche tückischen Fallen umgehen lassen, indem sie einen schnellen Kompatibilitätscheck durchführen. Schließlich möchtest du in einer Beziehung so bald wie möglich wissen, ob du „auf der richtigen Hochzeit" tanzt, nicht wahr?

Es ist ein universelles Gesetz, dass sich Gegensätze gegenseitig anziehen, während Ähnlichkeiten voneinander abprallen.

7

DER KOMPATIBILITÄTSCHECK

Ein Plus zieht immer ein Minus an. Eine unerträgliche Stille verlangt nach einem starken Wind, um den Druck zu nivellieren. Warme und kalte Strömungen versuchen ständig, einen Ausgleich herzustellen. Ein realitätsfremder Träumer benötigt jemanden, der „nüchtern" ist, um das notwendige Gleichgewicht herzustellen, und umgekehrt.

Das heißt, wenn du eine Beziehung mit deinem eigenen Klon eingehst, werdet ihr wahrscheinlich nicht optimal miteinander harmonieren. Es ist kein festgeschriebenes Gesetz, aber in der Praxis hat sich gezeigt, dass ein Mann und eine Frau, die einen identischen Charakter haben (nicht Träume und Ziele!), auf Dauer meist eine Fehlpaarung sind.

Schon bald werden die gemeinsamen Abenteuer für einen der beiden zur Belastung, denn in Wirklichkeit wird der eine immer hingebungsvoller sein als der andere. Das liegt daran, dass die meisten Menschen nicht wirklich wissen, was sie dauerhaft wollen. Unsere Interessen ändern sich mit zunehmendem Alter. Oder aber die vereinten Energien der beiden identischen Seelen explodieren und verursachen eine totale Verwüstung.

Das ist allerdings nur ein Teil des Kompatibilitätschecks. Es gibt eine zusätzliche Dimension, und diese Dimension ist deine persönliche Sicherheit. Ganz egal, wie es auf der Oberfläche aussieht, die Welt ist für eine Frau gefährlich. Die falsche Entscheidung kann dich leicht in die Arme des Unwürdigen führen.

Unsere Suche beginnt also…

MIT EIN PAAR SCHLAUEN FRAGEN

Die folgenden Fragen ermöglichen es dir, tief in sein Herz zu blicken und seinen wesentlichen Charakter zu erkennen. Du kannst natürlich selbst entscheiden, ob du ihn persönlich oder während des ersten Chats auf einer Dating-Seite fragen möchtest. Egal wie du dich entscheidest, du solltest ganz natürlich mit einer einzigen Frage beginnen, und zwar mit einer Frage…

ÜBER IHN

Die allererste und wichtigste Frage ist ganz einfach. Sie ist aussagekräftig, lässt nicht viel Raum für spontane Erfindungen und ist äußerst verwirrend.

Frage: Wer bist du?

Ob du es glaubst oder nicht, diese Frage funktioniert wie ein Autoalarm; sie wird sofort 50 % der Nichtsnutzigen abschrecken. Mit anderen Worten, sie liest die Männer aus, die deiner Zeit nicht würdig sind, und grenzt sie damit von denen ab, die es wert sind.

Was bewirkt die Frage „Wer bist du?“?

Zweierlei:

Wenn erfahrene Kriminalermittler einen Verdächtigen befragen, holen sie diese Person zunächst aus ihrer Komfortzone heraus. Dann erzeugen sie das maximale Maß an Verwirrung und Stress, um das Selbstvertrauen des Verdächtigen gehörig ins Wanken zu bringen. Mit diesen beiden notwendigen Schritten schaffen die Detektive ein Umfeld, in dem es einer befragten Person schwerfällt, sich eine plausible Lüge auszudenken. Mit steigendem Druck nimmt der Stress zu und es wird immer schwieriger für einen Verdächtigen, sich zu verteidigen und mit den erdachten Lügen zurechtzukommen. Irgendwann erreicht jeder Täter seine Belastungsgrenze und muss dagegen ankämpfen, die Wahrheit auszupacken. Das geschieht, weil das Gehirn aufgrund dieser Verwirrung und des erhöhten Stresses einen Selbstschutzmodus aktiviert.

Das sind also die Haupteffekte der Frage „Wer bist du?" – Verwirrung und Stress.

Als Nächstes sendet diese Frage eine Botschaft an den Mann auf der anderen Seite des Tisches oder des Computers. Sein Verstand zeichnet sofort ein Bild einer neugierigen, klugen Frau, die weiß, was sie will – und worauf sie hinauswill –, denn danach wurde er nicht oft gefragt – vielleicht sogar noch nie. Und genau das ist es, was all die Männer abschrecken wird, die nach einer leichten Beute suchen.

Angenommen wir haben es mit einem Soziopathen zu tun, dessen einzige Absicht darin besteht, ein weiteres Opfer zu fassen. Eine Frau, die auf diese Weise ein Gespräch eröffnet und hartnäckig bleibt, um rasch eine ehrliche Antwort zu erhalten, ist für ihn ein großes No-Go. Sie bedeutet einfach viel zu viel Arbeit für ihn mit einer hohen Versagenswahrscheinlichkeit, also ist er weg und sie ist sicher. Und das nur durch diese scheinbar einfache Frage.

Versuche, dich jetzt daran zu erinnern, wann du das letzte Mal während des ersten Kontakts einen Mann gebeten hast, dir zu sagen, wer er ist. Wahrscheinlich hast du es noch nie getan. Aus unbekannten Gründen stellen wir diese logische Frage nicht, obwohl wir verzweifelt versuchen herauszufinden, wer der andere eigentlich ist. Eine Art Paradoxon, nicht wahr?

Aber was kann man eigentlich tatsächlich als Antwort erwarten?

Was du letztendlich hören oder lesen willst, sind zwei bis drei kurze Sätze, die viel über einen Mann aussagen. Kontert er mit dem üblichen „Was meinst du damit?", wiederholst du einfach die Frage. Du willst eine Antwort darauf und du willst sie schnell. Gib ihm nicht zu viel Zeit zum Nachdenken.

Wenn er sich weigert, dir eine Antwort zu geben oder versucht, die Frage an dich zurückzugeben, vergiss ihn einfach und mach weiter.

Wenn er ewig braucht, um nur einen einzigen Satz zu schreiben, kannst du dir sicher sein, dass sein Verstand versucht, eine plausible Fake-Biografie zu erfinden. Oder es deutet darauf hin, dass du es mit einem Kerl zu tun hast, dessen Gehirn auf die eine oder andere Weise zu viel Schaden erlitten hat, was nicht so selten ist, wie die Leute gerne denken.

Ein selbstbewusster, intelligenter Mann wird es als eine interessante Herausforderung betrachten und es genießen, eine aussagekräftige Antwort zu schreiben. Natürlich musst du, nachdem du seine Antwort erhalten hast, damit rechnen, dass er seinerseits diese Frage nun dir stellt…

Ein typischer Soziopath wird jeden einzelnen Satz mit Emotionen füllen. Mit anderen Worten, wenn es sich anfühlt, als würdest du mit Shakespeare chatten, dann lauf weg. Normale Kerle ticken schlicht und einfach nicht so. Sie sind nicht übermäßig poetisch oder emotional. Zumindest in der Regel.

Du wirst überrascht sein, wie viel du über eine Person mit dieser einfachen und wirkungsvollen, aber extrem selten gestellten Frage erfahren kannst. Eigentlich brauchst du ihn nichts anderes zu fragen, außer vielleicht nach seinem Sternzeichen. Ob wir daran glauben oder nicht, an der Astrologie ist etwas Wahres dran.

Als Nächstes kommt...

SEINE VISION

Bist du daran interessiert zu erfahren, ob er irgendwelche Ziele hat oder einfach nur vor sich hin dümpelt, ohne zu wissen, wohin er gehen soll oder was er als Nächstes tun soll? Wenn ja, dann stelle ihm folgende Frage:

Frage: Wo siehst du dich in fünf Jahren?

Ja, diese Frage wirkt wie ein Klischee. Aber Klischees werden aus gutem Grund zu einem Klischee.

Jeder seriöse Mann sollte zumindest ein ungefähres Bild von seiner unmittelbaren Zukunft haben. Und das muss nicht einmal realistisch sein. Zahlreiche Erfolgsmenschen haben mit einem Ziel begonnen, das eher wie ein Traum als wie etwas tatsächlich Erreichbares aussah.

Das Wichtigste hierbei ist, dass seine Antwort dir offenbaren wird, was du in Bezug auf eure Kompatibilität wissen musst. Wer weiß, vielleicht träumt ihr ja den gleichen Traum, der euch im Grunde genommen kompatibel macht. So oder so, du wirst schnell herausfinden, ob es da ein Langzeitpotenzial gibt.

Doch es gibt einen ernsthaften Haken dabei: **Wenn es den Anschein hat, zu schön zu sein, um wahr zu sein, dann ist es das wahrscheinlich auch.**

Es gibt Männer, die in der Lage sind, genau die richtigen Dinge zu sagen, um eine Frau mit jedem Wort, das aus ihrem Munde kommt, in helle Begeisterung zu versetzen. Es fühlt sich an wie eine „außerkörperliche Erfahrung", wie ein Gespräch mit deinem inneren Selbst. Was auch immer du denkst, er denkt es auch. Was auch immer du fühlst ... Nun, du weißt schon, wie der Satz weitergeht.

Klar, es gibt tatsächlich Menschen, die sich begegnen und auf Anhieb eine Menge Gemeinsamkeiten entdecken, aber wie gesagt, wenn *jedes* Wort Emotionen auslöst, dann kannst du absolut sicher sein, dass etwas nicht stimmt.

Die Sache ist nämlich die: Wir sind von unserem Wesen her so konzipiert, dass wir gern an das Positive glauben wollen, damit wir irgendwo hingehören. Leider gibt es einige Männer, die immer versuchen werden, diesen ureigenen Überlebensmechanismus zu missbrauchen. Daher ist es von größter Priorität, ein möglicherweise falsches Spiel zu durchschauen und mehr über seinen wahren Charakter zu erfahren...

UND ÜBER SEINE VERGANGENHEIT

Denn seine Vergangenheit wird dir alles über eine potenzielle kurz- oder langfristige Zukunft mit ihm sagen: seine politischen und religiösen Überzeugungen, seine Beziehungen zu anderen Menschen, seine Beschäftigung und seine Interessen, was er amüsant findet und was ihn traurig macht, wie beliebt er bei Freunden und Bekannten ist, wie eloquent und gebildet er ist, ob er durchsetzungsfähige Tendenzen hat und schließlich, **wie viele Familienmitglieder regelmäßig mit ihm kommunizieren**. Alle diese Dinge werden dir helfen, ein umfassendes Profil des Mannes auf der anderen Seite des Computers zu erstellen. Er könnte dich dann vollständig überzeugen und sich als passend erweisen oder aber seine Antworten weisen darauf hin, dass er dir etwas vormacht.

Wie kann man nun so eine intensive Recherche durchführen?

Heutzutage kannst du einen vollständigen Background-Check einer Person von deinem eigenen Laptop aus durchführen. Schon ein kurzer Blick auf seine sozialen Posts (und auf seine Termine!) wird dir mehr als genug Informationen geben. Mit anderen Worten, das, was du entdeckst, wird die Dinge, die er bisher von sich behauptet hat, bestätigen oder aber nicht. Wenn dir das nicht genügt, gibt es kostengünstige spezialisierte Anbieter, die eine gründlichere Recherche für dich durchführen können.

Nun, hier ist der Plan. Man muss auf allen Plattformen nachschauen! Und die Profile müssen einigermaßen gleich alt sein. Ausreden wie „Jemand hat mich gehackt, sodass ich gezwungen war, ein neues Konto zu eröffnen“ oder „Ich habe mein Passwort vergessen“ sind Warnsignale. Sicher, es kann passieren, aber auf allen drei, vier oder fünf Plattformen gleichzeitig?! Gib mir eine Pause, ja?

Der Grund, warum du einen gründlichen Background-Check durchführen musst, ist, um...

8

EINEN SOZIOPATHEN ZU ERKENNEN

Dass er anders war als die anderen Kinder, erkannte Jonas Stimson zum ersten Mal im Alter von sieben Jahren. Er war mit einer Gruppe von Freunden unterwegs. Einige von ihnen hatten ein verletztes Kätzchen gefunden, das im Gras unter einer großen Eiche in der Nähe seines Hauses lag. Das arme Kätzchen konnte kaum einen Laut von sich geben. Es war klar, dass es sehr gelitten haben musste.

Zwei Mädchen aus der Gruppe bückten sich sofort und begannen, das Kätzchen zu streicheln. Die drei anderen Jungs standen daneben und beugten sich nach vorn, um einen besseren Blick auf das Szenario werfen zu können. Sie alle waren sehr betroffen. Stimson, der ein paar Meter von ihnen entfernt stand, konnte deutlich die Traurigkeit auf ihren Gesichtern sehen.

Doch für ihn war die ganze Situation nervtötend. Er hatte die Gruppe in den Wald geführt, um dort weiterzumachen, wo sie am Vortag aufgehört hatten, und jetzt hatte dieses verdammte Tier seine Pläne durcheinandergebracht, weil der Rest der Gruppe es zum Tierarzt bringen wollte. Es fiel ihm schwer, diesem überwältigenden Drang zu widerstehen, die Katze zu töten, damit sie mit ihren Plänen fortfahren konnten. Aus irgendeinem Grund konnte Stimson es nicht in sich selbst finden, mit dem Tier oder irgendjemand anderem mitzufühlen.

In den folgenden Jahren lernte Jonas Stimson zwei Dinge. Erstens, wie er diese emotionalen Schalter nutzen konnte, um Menschen zu manipulieren, angefangen bei seiner eigenen Mutter. Zweitens, wie man menschliche Emotionen nachahmen kann, etwas, was ihm vollständig fehlte. Er wurde zu einem erfahrenen Lügner und Betrüger. Und jedes Mal, wenn sein Betrug funktionierte, fühlte er sich unglaublich berauscht. Er fühlte sich mächtig. Das Einzige, was seinem abnormalen Verstand entsprach, waren die Folgen seiner Taten für das Leben anderer Menschen.

Stimson sprang von einer Beute zur anderen und steigerte mit jedem Opfer die Brutalität seiner Taten. Die ganze Zeit über empfand er nichts für seine Opfer, nicht einmal das geringste Gefühl von Reue oder Scham. Lediglich Ärger und Zorn, falls etwas nicht nach seinen Plänen gelaufen war. Für ihn nannte sich dieses Spiel „Dominanz um jeden Preis".

Er ruinierte ein Leben nach dem anderen und stieß schließlich bei einem seiner häufigen Besuche an einem örtlichen College auf eine wunderschöne Brünette.

Stimson, der nur ein paar Jahre älter als die Absolventen war, merkte, dass diese Mädchen leicht zu manipulieren waren, ohne jegliches Risiko, entlarvt zu werden, weil die meisten von ihnen aus verschiedenen Teilen des Landes kamen, sodass die Chance, dass sie sich treffen und das Erlebte gegenseitig austauschen würden, gering war. Mary-Elizabeth Perkins war eines dieser perfekten Opfer.

Ihrem Aussehen und dem neuen Sportwagen nach zu urteilen,

den sie fuhr, hatte sie offensichtlich Geld. Auch war sie nicht allzu sehr an ihren männlichen Altersgenossen interessiert, wie er mit Genugtuung bemerkte. Meistens saß sie mit einigen ihrer Freundinnen zusammen und ignorierte die offensichtlichen Bemühungen der männlichen Studenten völlig. Das war eine offene Einladung für Stimson.

Ein kurzer Blick in ihre sozialen Profile gab Stimson genügend Informationen, um sein neues Spiel zu planen.

Mary-Elizabeth war wie die meisten anderen jungen Frauen. Sie war von ihren männlichen Altersgenossen sowie generell von ihrem Leben zutiefst enttäuscht und suchte eindeutig jemanden, der älter und erfahrener war. Jemanden wie Stimson.

Es würde also nicht allzu viel Mühe kosten, unter ihre Haut zu krabbeln und die totale Herrschaft über ihr Leben zu erlangen. Die richtigen Worte, jeden Tag eine liebevolle Geste und jede Menge unwiderstehlichen Charme und ein paar poetische Zeilen, die er aus alten Liebesfilmen und Büchern kopieren würde. Für Stimson war Mary-Elizabeth nicht einmal eine echte Herausforderung und er wurde immer besorgter, sein Ziel verfehlt zu haben. Das Einzige, was am Ende des Tages einen ausreichenden Rausch produzieren konnte, war Geld auf seinem Bankkonto, denn noch bevor er ihr einen Ring an den Finger steckte, war Mary-Elizabeth mit einem gemeinsamen Konto einverstanden.

Nur sechs Monate später wählte Jonas Stimson sein nächstes Ziel aus, während Mary mit gebrochenem Herzen zerschmettert zurückgelassen und buchstäblich ihres gesamten Vermögens beraubt worden war, einschließlich ihres Vermögens aus dem Treuhandfond, den ihre Eltern für sie eingerichtet hatten, als sie gerade mal ein Jahr alt war. In weniger als einem Jahr hatte Stimson es geschafft, jedes Gramm ihres Selbstbewusstseins zu zerstören und sie sogar dazu zu bringen, ihren gesunden Menschenverstand infrage zu stellen. Für ihn war das ein absoluter Triumph. Sogar ohne ihr Geld.

Was Mary-Elizabeth Perkins nicht wusste, als sie Stimson traf – narzisstische Soziopathen, die mit Abstand schlimmste Art von Männern, sind äußerst vorsichtig…

VERBORGEN IN DER MENGE

Einigen Schätzungen zufolge sind 4 % der gesamten menschlichen Bevölkerung Personen mit einer antisozialen Persönlichkeitsstörung (ASPD). Das bedeutet, jeder dreißigste Mensch allein in den USA; 75 % davon sind Männer. Die Chancen stehen also gut, dass du bereits einem Soziopathen begegnet bist, ob du dir dessen bewusst warst oder nicht.

Doch diejenigen unter ihnen, die wirklich unverkennbar sind, das sind narzisstische Soziopathen. Ihr abartiger Verstand ist beständig auf der Suche nach Frauen. Ihre Augen scannen sorgfältig ihre Umgebung auf der Suche nach einem potenziellen Opfer. Hab acht, du könntest sein nächstes Opfer sein!

ALLERDINGS WEISS ER NICHT, DASS DU WEISST

… wie man die Anzeichen erkennt, dass man es mit einem narzisstischen Soziopathen zu tun hat!

Er ist sich nicht bewusst, dass du nicht auf diesen gekünstelten Charme, diese oberflächlichen Gespräche, diese übertriebenen Komplimente oder Schmeicheleien hereinfallen wirst. Du wirst ihm auch nicht dieses ganze „Ich wurde oft von Menschen benutzt“-Gerede glauben, während es offensichtlich ist, dass er versucht, mit deinem Mitgefühl zu spielen. Denn genau das ist es, was sie tun. Sie verwenden eine Reihe emotionaler „Trigger“

(Auslöser) und ahmen sogar dein eigenes Verhalten nach, nur um an dich heranzukommen. Er agiert wie ein erfahrener Verkäufer, der die versteckten Zeichen erkennen kann und genau weiß, dass du den Laden mit Sicherheit nicht ohne dieses Kleid verlassen wirst, auch wenn du einen zusätzlichen Dollar dafür bezahlen musst.

Selbst wenn du alle diese Zeichen übersehen hast und eine Beziehung mit diesem Abschaum begonnen hast, gibt es ein paar andere Dinge, die eindeutig auf ein Fake-Spiel hinweisen.

Zum Beispiel berichten die meisten Opfer narzisstischer Soziopathen, dass der Sex einfach „nicht von dieser Welt" war, aber dass es in den meisten Gesprächen immer nur um den Soziopathen ging. Narzisstische Soziopathen schmollen auch nach den kleinsten Auseinandersetzungen, und das über einen längeren Zeitraum. Gleichzeitig zeigen sie ein extrem aggressives Verhalten, falls sie zur Rede gestellt werden.

Der einfachste Weg, diese Art von Miststück zu erkennen, ist, sein Verhalten mit dem üblichen oder erwarteten zu vergleichen. „Normale" Menschen verhalten sich einfach nicht so. Und wenn du dir sicher bist, dass du mit einem narzisstischen Soziopathen chattest oder, noch schlimmer, dein Bett teilst, musst du lernen...

WIE MAN SEINEN FÄNGEN ENTKOMMT

Der einzig mögliche Weg ist, jeglichen Kontakt abzubrechen und in die andere Richtung zu laufen.

Der Versuch, ihn zu „heilen", wird mit hohen Kosten verbunden sein, denn du hast es hier mit einem emotionslosen Soziopathen zu tun, dem das Elend und der Schmerz anderer Menschen Vergnügen bereiten. Gleichzeitig sind die meisten Soziopathen sehr intelligent und anpassungsfähig, was sie durchaus in die

Lage versetzt, ihren wahren Charakter und ihre hintertückischen Absichten über Monate hinweg zu verbergen.

Wenn es also nur die geringsten Anzeichen gibt, dass er ein soziopathischer Mistkerl sein könnte, besteht die beste Vorgehensweise darin, dass man ihn komplett aus seinem Leben streicht…

9

UND GENAU DIE RICHTIGE ART VON MANN FINDET

Als Susan Donaghue zum ersten Mal Robert traf, war sie nicht wirklich beeindruckt von ihm. Er wirkte unkultiviert, kindisch, arrogant und schien wenig bis gar kein Interesse daran zu haben, ein ernsthaftes Gespräch mit Frauen zu führen. Dass sie sich überhaupt begegnet waren, lag daran, dass sie über mehrere Monate dasselbe Irish Pub besuchten, wo sie sich mit ein paar ihrer Freundinnen traf, während er mit seinen Freunden Dart spielte, grölend und lachend.

Sie bemerkte die Blicke, die er ihr ab und zu von der anderen Seite des Pubs zuwarf, und sie konnte nicht anders, als sich geschmeichelt zu fühlen. Immerhin war er ein gut aussehender Mann ungefähr in ihrem Alter.

Der entscheidende Moment, der das Leben beider auf den Kopf stellen sollte, kam, als er ihr versehentlich eine Flasche Bier aus der Hand schlug, die sie gerade vom Tresen zum Tisch ihrer Freundinnen tragen wollte. Als die Flasche auf den Boden fiel, zerbrach das Glas in tausend Scherben, und Susan spürte, wie das Bier ihre Leggings und ihre Schuhe durchnässte.

Zu diesem Zeitpunkt ahnte Susan nicht, dass sie beide die

nächsten zwölf Jahre in einer liebevollen und hingebungsvollen Beziehung zusammen verbringen und gemeinsam zwei bezaubernde Kinder großziehen würden.

Niemals würde sie Roberts schockiertes und verlegenes Gesicht vergessen, als er begriff, was er getan hatte. Er entschuldigte sich jedoch schnell, gab eine Runde Getränke aus und lud sie zu einem Abendessen ein, um es wiedergutzumachen. Bis heute kann Susan nicht genau sagen, warum sie seine Einladung angenommen hat.

Nach dem Abendessen am nächsten Abend war nichts mehr so wie früher. Robert, der zwar noch völlig „ungeschliffen“ war, viele „Kanten“ und „Ecken“ und null Sinn für Romantik hatte, verwandelte sich letztendlich in das, was Susan als den „perfekten Mann” bezeichnete.

Genauso wie Susan kannst auch du ihn finden...

DEN MANN, DER DICH LIEBEN WIRD

Es ist unvermeidlich. Weil Liebe eine Emotion ist. Du kannst sie nicht beschreiben. Du kannst sie nicht erklären. Niemand weiß wirklich, was das Gefühl der Liebe zwischen zwei völlig unterschiedlichen Menschen auslöst.

Wenn er dich wirklich liebt, wird es mehr als offensichtlich sein, dass er Zuneigung, Sehnsucht und Begehren empfindet. Du wirst jeden Tag Zeichen der Bewunderung, der Fürsorge, der Zärtlichkeit, des Mitgefühls und der Sympathie wahrnehmen.

Wenn du nur für eine kurze Zeit weggehst, wird er sich nach dir sehnen. Und wenn ihr beide allein seid, wird die Stärke seiner Erregung, seines Begehrens, seiner tierischen Lust und Leidenschaft als endgültiger Beweis dafür dienen, dass du mit einem Mann zusammen bist, der...

ALLES FÜR DICH TUN WIRD

Wenn es sein muss, wird er Berge versetzen und die Extrameile gehen, um dich glücklich zu machen. Nichts und niemand kann sich zwischen ihn und dich stellen, und das wird er jedem klarmachen – sogar seiner eigenen Mutter, die bisher die wichtigste Person in seinem Leben war.

Sicher, er wird mit der Zeit anspruchsvoll werden und von Zeit zu Zeit anstrengend sein. Auch wird es immer mal wieder vorkommen, dass er mit dir über die banalsten Dinge streitet, aber das bedeutet nicht, dass er es nicht wiedergutmachen wird…

UND DIR TREU SEIN WIRD

… trotz aller Hindernisse und Herausforderungen, auf die ihr beide in den folgenden Jahren und Jahrzehnten stoßen werdet. Denn die Stärke der Zuneigung eines Mannes gegenüber dir wird an seiner Bereitschaft gemessen, seine Komfortzone zu verlassen und Dinge zu tun, die er nie tun würde, wenn es nicht für dich wäre. Zum Beispiel die offenen Annäherungsversuche anderer Frauen zurückzuweisen, was seiner grundsätzlichen Programmierung widerspricht.

Übrigens, wie genau ist er eigentlich „programmiert"?

Du bist die Summe dessen, was dir beigebracht wurde und was dir nicht beigebracht wurde – sowie die Summe all deiner bisherigen Erfahrungen.

10

EIN BLICK IN DIE GEDANKENWELT EINES MUTTERSÖHNCHENS

Unter dem „Bewusstsein“ kann man die Summe aller Erfahrungen bis zu einem bestimmten Zeitpunkt verstehen. Und diese Summe ist das, was du wirklich bist.

Im Laufe deines Lebens sammelt dein Gehirn alle möglichen Ereignisse und Erlebnisse und baut dein **Überzeugungssystem** auf – eine Reihe von Prinzipien, nach denen du dein Leben lebst (nicht zu verwechseln mit religiösen oder anderen Überzeugungen!). Hierfür verwendet es eine Reihe von Chemikalien – Endorphine, Dopamin, Serotonin, Oxytocin, Cortisol, Noradrenalin und viele andere, um dich so zu konstruieren, wie du bist und wie du denkst, also wie du auf deine Umgebung reagierst. Dieser Mechanismus funktioniert besonders gut in jungen Jahren, weil du da noch leichter beeinflussbar bist. Und das hat einen ganz bestimmten Grund.

Von dem Moment an, als du diese wunderbare Welt zum ersten Mal gesehen hast, begann der Prozess der Indoktrination und ist seitdem ein kontinuierlicher Prozess. Und dieser Prozess beginnt wirklich sehr früh im Leben, ohne dass du es überhaupt merkst.

Bis zum 18. Lebensmonat ist der Teil des Gehirns, der für das Erinnerungsvermögen verantwortlich ist, noch nicht vollständig entwickelt. Das führt jedoch nicht dazu, dass ein Kind nicht in der Lage wäre, Eindrücke zu sammeln. Laut den neuesten neurowissenschaftlichen Forschungsergebnissen befindet sich das Gedächtnis nicht in einer bestimmten Region des Gehirns. Das ist der Grund, warum sich Adoptivkinder immer in gewisser Weise verlassen fühlen, aber nicht verstehen können, warum.

Im Alter von ein bis fünf Jahren sammelt das Gehirn Informationen mit Lichtgeschwindigkeit. Dieser Zeitraum ist der intensivste in Bezug auf den Aufbau von Erinnerungen, Überzeugungen und Perspektiven, was das Leben im Allgemeinen betrifft. Keine andere Phase des Lebens hat das gleiche Potenzial wie diese ersten fünf Jahre. Ein Kind vermag mit Leichtigkeit komplexe Mathematik, Physik, Zeichen, Buchstaben und ein paar Sprachen zu lernen.

Im Alter von acht Jahren setzt sich dieser Prozess der Sammlung immenser Datenmengen (Eindrücke) mit rund 80 % der Intensität des Alters von fünf bis acht Jahren fort. Ob man es glauben mag oder nicht, das ist die Zeit in unserem Leben, in der wir die grundlegende und fundamentale Struktur unserer Sichtweise auf das Leben entwickeln.

Mit Vollendung des zwölften Lebensjahres, ob wir uns dessen bewusst sind oder nicht, ist unser zentrales Überzeugungssystem aufgebaut worden. Unsere Reaktionen ähneln denen unseres engsten sozialen Umfeldes – vor allem denen unserer Eltern. **Dieser Mechanismus ist einer unserer wichtigsten Überlebensmechanismen, denn er ermöglicht es uns, uns in unser soziales und physisches Umfeld zu integrieren.**

Und in den meisten Fällen ist dies eine rein chemische Angelegenheit. Schließlich sind wir alle – du, ich und alle anderen um uns herum – ein einziger, großer, wandelnder Komplex aus Chemikalien, der hauptsächlich von sechs dominanten Neurotransmittern in unserem Gehirn gesteuert wird.

Diese Chemikalien ermöglichen es uns sogar, auf eine nonverbale, sozusagen auf eine telepathische Weise miteinander zu „kommunizieren". Zum Beispiel ermöglicht dir nur ein einziger Blick in die Augen einer Person einen nachhaltigen Eindruck; du hast weniger als zwei Sekunden dafür gebraucht. Die Kette von Chemikalien in deinem Gehirn erzeugt dann eine spezifische Gedächtnisstruktur bezüglich des Profils dieser Person – den berühmten „ersten Eindruck".

Dementsprechend wird dein Verhalten – zumindest in den ersten Phasen deines Lebens – größtenteils...

VON DER STÄRKSTEN OXYTOCIN-BINDUNG ANGETRIEBEN

Von allen Funktionen des Hormons Oxytocin ist die Fähigkeit, eine Bindung aufzubauen und aufrechtzuerhalten, eine der wichtigsten. Dieses Hormon hat uns ermöglicht, den hedonistischen Lebensstil unserer Urahnen aufzugeben und soziale Gemeinschaften zu bilden. Schon ein einfacher Handschlag kann unter Umständen diese starke Chemikalie auslösen.

Es gibt eine Situation im Leben, in der die Aktivierung dieses Neurotransmitters ihren Höhepunkt erreicht: bei der Geburt.

Wenn eine Mutter ihr Kind zur Welt bringt, setzen sowohl das Gehirn der Mutter als auch das Gehirn des Kindes die maximale Menge des Oxytocin-Neurotransmitters frei und erzeugen somit die stärkste soziale und emotionale Bindung, die der Mensch kennt. Dies erklärt, warum eine Mutter einen so starken Einfluss auf ihr Kind hat – insbesondere auf ihren Sohn.

Daher ist die Erziehung eines Kindes unter normalen Umständen…

VOM EINFLUSS SEINER MUTTER GEPRÄGT

Sie ist die dominanteste Person im Leben des Kindes. Und Mütter – schauen wir den Tatsachen ins Auge – haben ihren Job oft nicht so toll gemacht, wenn es um die Erziehung ihrer Söhne ging. Möglicherweise würdest du lieber etwas anderes glauben, aber Mütter bereiten ihre Söhne nicht wirklich für ihre Schwiegertöchter vor. Stattdessen tut eine Mutter alles, was sie tun kann, um ihn zu verwöhnen, indem sie sich um seine Bedürfnisse kümmert – besonders im Alter von ein bis zwölf Jahren. Insofern hat sie ihn praktisch auf die schlimmste Weise indoktriniert, zumindest im Hinblick auf deine kurz- und langfristigen Interessen. Mit anderen Worten, er wurde völlig abhängig von ihr und sogar grenzwertig süchtig nach ihr.

Nun, das bringt dich in eine Art Zugzwang, denn dieser verwöhnte kleine Bengel erwartet jetzt, dass du die plötzliche Leere füllst, denn bewusst oder unbewusst wird jeder Mann, falls möglich, seine Mutter irgendwann gegen eine andere austauschen. Mit anderen Worten, seine zukünftige Ehefrau, die ihn anfangs so sehr in Begeisterung versetzt hat, wird sich rasch zum exakten Ebenbild seiner Mutter entwickeln…

UND ZWAR ZU DERJENIGEN, DIE IHN BEZIEHUNGSUNFÄHIG GEMACHT HAT

Vielleicht wirkt das Wort „beziehungsunfähig“ etwas hart, aber Tausende oder sogar Millionen von Jahren Erfahrung haben gezeigt, dass Männer die Selbstversorgungsfähigkeit eines

Einjährigen besitzen. Ein Mann kann ein Raumschiff steuern, aber er weiß nicht, welchen Knopf er drücken muss, um die Waschmaschine einzuschalten.

Gott bewahre, dass er in die Situation kommt, wo er sein Hemd bügeln muss! Du kannst dich glücklich schätzen, dass damals das Haus nicht niedergebrannt ist, als dieses sexy Wettermädchen just in dem Moment auf dem Fernsehbildschirm erschien, als unser Muttersöhnchen versuchte, die nervige Falte am Ärmel zu beseitigen, indem er das Bügeleisen auf die maximale Temperatur stellte, wodurch er den Stoff durchbrennen ließ und das einzige schicke Hemd ruinierte, das er hatte. Wenn man sich seine Arme und seinen Oberkörper ansieht, sollte er eigentlich in der Lage sein, das verdammte Ding auch ohne dieses Gerät zu bügeln…

Aber da seine Mutter sehr streng war, was die Annäherung an ein heißes Bügeleisen angeht, entwickelte der arme Mann eine Art Phobie, genauer gesagt eine Bügeleisenphobie. Wenn er dich jetzt das Gerät herausholen sieht, verschwindet er deshalb einfach wie der Morgennebel.

Und das bezieht sich nicht nur auf das Bügeleisen. Die Liste der Geräte und weiterer Gegenstände, die seine Mutter als „verboten" markiert hat, geht noch weiter, was wiederum einer der Gründe ist, warum er völlig unfähig ist…

SICH UM SICH SELBST ZU KÜMMERN

Weil sie immer für ihn da war, wie es selbstverständlich von ihr erwartet wurde und wie es sich gehört – so wie es von dir *selbstverständlich* erwartet werden wird.

Jedoch verursacht diese klassische Rollenverteilung, obwohl gut und notwendig, zwei Paradoxien in unserer modernen Gesellschaft.

Das erste Paradoxon ist, dass Mädchen immer noch instinktiv die nötigen Fähigkeiten zum Überleben erlernen, während Jungs dies nicht tun.

In der Antike mussten kleine Jungs lernen, wie man Werkzeuge und Waffen benutzt, denn das war für das Überleben ihrer zukünftigen Familien von wesentlicher Bedeutung. Die Ironie ist, dass Jungen heute noch lernen, wie man mit einer Waffe schießt, obwohl das nichts mehr mit dem Überleben zu tun hat. Das, worauf es heute wirklich ankommt, existiert einfach nicht in ihrem „Lehrplan".

Das könnte der Hauptgrund dafür sein, dass Frauen irgendwann beschlossen haben, die Sache selbst in die Hand zu nehmen und mit dem Aufbau ihrer eigenen Karriere zu beginnen. Noch vor zweihundert Jahren war es für eine alleinerziehende Mutter fast unmöglich, allein zu überleben, während die meisten von ihnen heute ohne Männer besser dran sind.

Das führt uns zu Paradoxon Nummer zwei, womit sich der (Teufels-)Kreis schließt. Jede dieser alleinerziehenden Mütter zieht – bedingt durch ihre Karriere – ihren Sohn groß, ohne ihm zu vermitteln, wie man/Mann für eine Familie sorgt. Mit anderen Worten, die Mehrheit wird es nicht schaffen, ihren Söhnen beizubringen, wie man/Mann Geld verdient und auch unter schwierigen Umständen seinen „Mann" steht. Das Resultat ist, dass wenn es einmal bergab geht, unsere Muttersöhnchen zusammenbrechen und in einen Zustand der Depression verfallen, der sie nicht nur nutzlos, sondern gar gefährlich macht.

Und das alles dank der stärksten Bindung, die der Mensch kennt.

11

DIE BINDUNG, DIE GEGEN DICH ARBEITET

... Weil sie die Denkweise geprägt hat, die mindestens eine Galaxie von deiner Vorstellung eines zukünftigen gemeinsamen Lebens entfernt ist.

Hast du irgendwelche Zweifel daran? Dann lass uns diese Sache mal genauer unter die Lupe nehmen...

Du erwartest von einer langfristigen Beziehung, dass dein Partner und du eine ähnliche Sichtweise habt, nicht wahr? Das ist vollkommen natürlich, warum solltest du dir das auch nicht wünschen?

Leider werden sich deine Erwartungen nicht erfüllen. Stattdessen wirst du eine Version eines Lebensgefährten bekommen, der nicht in der Lage ist, zwei Monate vorauszudenken. Und das liegt zum größten Teil daran, dass er immer noch seinen unerreichbaren kindlichen Träumen nachhängt oder, was noch häufiger vorkommt, weil er einfach nur Spaß haben will.

Seine Mutter, zusammen mit seinem Vater und seinem restlichen sozialen Umfeld, hat sich nie darum bemüht, sich mit ihm zusammenzusetzen und einen gründlichen Plan zu erstellen. Vor allem seine Mutter hatte nur eine Mission: ihn zu beschützen und zu versorgen.

DA DU URSPRÜNGLICH NICHT MIT IM SPIEL WARST

… bemühte sich niemand darum, ihm zu erklären, was ein zukünftiges Leben mit einer Frau mit sich bringt. In seiner gesamten Erziehung ging es um ihn, um seine Bedürfnisse und schließlich um die Bedürfnisse der Familie.

Das einzige „Mentoring", das er erhielt, war die Beziehung zwischen seiner Mutter und seinem Vater. Kurzum: Gab es viele Streitigkeiten, körperliche und/oder psychische Misshandlung, wird er das Verhalten seines Vaters nachahmen. Wenn dagegen alles glattlief, wird er bei den ersten Schwierigkeiten in eine Starre verfallen und wahrscheinlich zu seiner Mutter zurücklaufen.

Und das alles nur, weil niemand dich in Betracht gezogen hat, was eigentlich eigenartig ist, wenn man bedenkt, dass jede Mutter auch schon mal an deiner Stelle stand…

WENN DU DANN ENDLICH AUFTAUCHST

… bringst du praktisch die Routine durcheinander und die Hölle bricht aus.

Er ist plötzlich von seinen Liebsten "entfremdet", was wahrscheinlich dazu führt, dass er seine üblichen täglichen Aufgaben und Aktivitäten vernachlässigt. Selbst wenn es keine gibt –allein die Tatsache, dass er nicht mehr präsent ist, reicht, um Alarm auszulösen.

Das liegt daran, dass der Mensch ein Gewohnheitstier ist. Jedes Mal, wenn etwas unsere Routine durcheinanderbringt, flippen wir aus. Das mit den Gewohnheiten und den daraus resultierenden Routinen bezieht sich im Übrigen nicht nur auf Einzelpersonen. Komplexe Systeme wie z. B. große Unternehmen sind auf Routinen angewiesen, weil sie sie immun machen gegen Veränderungen wie z. B. einen plötzlichen Führungswechsel.

Seine Familie – genauso wie deine – ist daher auf ihre eingefahrenen Routinen angewiesen, um „richtig" zu funktionieren. Wenn du jetzt auftauchst…

AKTIVIERST DU UNWEIGERLICH IHRE VERTEIDIGUNGSMECHANISMEN

Denn genau wie du und jede andere Frau auch ist seine Mutter charakteristischerweise eine „Beschützerin", die wie eine Löwenmutter kämpft, wenn es darum geht, ihre Familie und vor allem ihren jungen Prinzen zu schützen. Wenn er nun die meiste Zeit mit dir verbringt und du seine ganze Aufmerksamkeit in Anspruch nimmst, ist das Neuland für sie. Und wenn wir Menschen etwas Unbekanntem gegenüberstehen, setzt uns das unter Stress. Und wenn wir gestresst sind, setzt unser Überlebensinstinkt ein und schwächt damit einen Teil unserer rationalen Denkfähigkeit.

Deshalb könnte ihr Verhalten mitunter unberechenbar werden und sie könnte sich sogar zu derben Beleidigungen hinreißen lassen. Sie weiß einfach nicht, wie sie mit der neuen Situation umgehen soll. So folgt sie ihrem Instinkt und dieser Instinkt kann sich manchmal verheerend auf deine Beziehung zu ihrem Sohn auswirken…

WENN DU NICHT DIE NOTWENDIGEN SCHRITTE UNTERNIMMST

Du musst sie besänftigen und dir wertvolle Zeit verschaffen, um das Muster zu ändern. Was ihn betrifft, kommt niemand vor seiner Mutter. Zumindest denkt er das gerne.

Damit sich das so schnell wie möglich ändert, braucht es in Wirklichkeit nur eine selbstbewusste Frau mit einer Mission. Eine solche Frau kann ein Muttersöhnchen in einen liebevollen, hingebungsvollen und vor allem treuen Lebensgefährten verwandeln, der seine Mutter von Zeit zu Zeit besucht, es aber nie zulässt, dass sie auch nur den geringsten Einfluss auf ihn ausübt oder versucht, sich ihm aufzuzwingen und irgendeine Art von Kontrolle über sein Leben und damit über seine Beziehung zu gewinnen.

Wie macht sie das? – Indem sie schon sehr früh in der Beziehung die Grundlagen schafft.

Wenn du dir einen Moment Zeit nimmst und dich an einige der Dinge erinnerst, über die wir vorhin gesprochen haben, wirst du zu einem einfachen Fazit kommen. Es gibt eine Sache, die du ihm bieten kannst, die er niemals von seiner Mutter bekommen könnte.

Ja, du liegst vollkommen richtig. Und das ist dein Druckmittel. Solltest du es nicht schaffen, dieses Druckmittel einzusetzen…

WIRD SIE IHREN EINFLUSS UND IHRE KONTROLLE BEHALTEN

Denn darauf ist sie programmiert, wenn es um ihre Kinder geht. In all den Jahren ihrer Erziehung und ihrer Fürsorge hat sie die Gewohnheit entwickelt, jeden Schritt seines Lebens zu kontrollieren. Seine Entscheidungen und damit auch seine Reaktionen wurden weitgehend von ihr und der Art und Weise, wie sie ihn erzogen hat, beeinflusst.

Aber das ist nur ein Teil des Problems.

Das andere Problem ist die Bindung zwischen den beiden. Als Mutter fühlt sie sich als die Beschützerin, und da du ihre Routine durcheinandergebracht hast, wechselt sie nun in den Verteidigungsmodus.

Wenn das passiert, wirst du ohne Umstände aufs Abstellgleis geschoben. Von diesem Moment an wird sie alle notwendigen Mittel einsetzen, um einen Keil zwischen euch zu treiben.

Diese überfürsorgliche Art von Müttern ist in manchen Fällen von Anfang an deutlich zu erkennen. Sie wird sich als dominante Entscheidungsträgerin positionieren und versuchen, dir Angst einzujagen. Es wird sich so anfühlen, als ob ihr Sohn ohne sie keine einzige Entscheidung treffen kann. Wenn du nicht richtig und rechtzeitig reagierst, wird die ganze Sache überhandnehmen und du wirst anfangen, jede deiner Entscheidungen aus Angst vor ihrer Reaktion zu hinterfragen. Wenn du zulässt, dass die Situation derart eskaliert – wie es viele junge Frauen tun –, wird sie mit Sicherheit…

EURE BEZIEHUNG ERFOLGREICH RUINIEREN

Das Interessante dabei ist, dass man ihr nicht die Schuld dafür geben kann, weil sie einfach nur das tut, wozu sie programmiert ist. Du hast es im entscheidenden Moment einfach nicht geschafft, eine Verbindung zu ihr herzustellen.

Infolgedessen beseitigt sie dich einfach und behält ihren Sohn ganz für sich selbst, ohne die Konsequenzen in Betracht zu ziehen, die sich dadurch für ihn ergeben. In ihrer Vorstellung hat sie ihrem Sohn „geholfen", sich nicht in die „falsche Art von Frau" zu verlieben, obwohl sie nicht die geringste Ahnung hat, was die „richtige Art von Frau“ sein würde, da niemand gut genug für ihren Prinzen ist.

Das alles mag wie aus einem Horrorfilm klingen und einschüchternd wirken, aber das ist die Realität vieler junger Frauen, die diese ganze Situation auch noch für selbstverständlich halten.

Was diese Frauen nicht erkennen, ist, dass ihr Freund immer noch unter dem Einfluss seiner Mutter steht. Er wird gar nicht groß darüber nachdenken, auf wessen Seite er steht oder stehen möchte. Schließlich bist du immer noch „die Fremde“, während seine Mutter sein sicherer Zufluchtsort ist. Die Bindung zwischen den beiden ist immer noch zu stark, sodass es nicht allzu viel ihrer Mühe erfordert, um ihn umzustimmen und von dir abzuhalten.

Sofern du das Muster nicht änderst…

12

DAS MUSTER ÄNDERN

Thomas Madsen reichte seinen Einsatzbericht nach einer zwölfstündigen Patrouille in dem noch feindlichen Gebiet ein und sprang sofort in einen der Geländewagen, die ihm und seinem Team zur Verfügung standen. Es war bereits 20:25 Uhr und er beeilte sich, um seine neue Freundin zu ihrem Geburtstag zu überraschen. Vor ihm lagen etwa achtzig Kilometer Landstraße mit einigen riskanten Abschnitten, aber das war ihm egal.

Er hatte Rachel zum ersten Mal während seines zweiten Einsatzes getroffen, aber sie hatten es damals nie über ein oberflächliches Gespräch hinaus geschafft, als er sie im Salon traf, wo sie als Friseurin arbeitete. Thomas erfuhr alles über ihre unschöne Scheidung und die Tatsache, dass sie jetzt eine alleinerziehende Mutter war, die alles in ihrer Macht Stehende tat, um ihren einjährigen Sohn großzuziehen.

Ein Jahr später, bei seinem nun dritten Einsatz, begegnete Thomas Rachel an einem sonnigen Nachmittag, während sie mit ihrem Sohn, der in seinem Kinderwagen schlief, einen Spaziergang machte. Das lange, weiße, hautenge Kleid, das sie trug, mit einem großen Ausschnitt auf dem Rücken, betonte ihren perfekten Körper bereits von Weitem. Und als er näher kam, konnte Thomas ihre großen, braunen Nippel deutlich durch den Stoff sehen. Ihm wurde schnell klar, dass sie keinen BH trug. Es war eine Szene, die Thomas nie vergessen würde und, nach seinen Worten, der entscheidende Moment, der ihn von da an Rachel mit ganz anderen Augen sehen ließ. Nicht, weil sie es geschafft hatte, ihn mit ihrem Sexappeal zu erregen, sondern wegen ihres offensichtlichen Selbstvertrauens und dieser verborgenen Kühnheit, die sie ausstrahlte.

So fuhr Thomas jetzt, weniger als ein Jahr nach dieser entscheidenden Begegnung, wie ein Henker, nur um mindestens eine Stunde mit der Frau zu verbringen, in die er sich verliebt hatte. Sie hingegen hatte nicht die geringste Ahnung, dass er überhaupt auftauchen würde. Während er zu ihr raste, las Rachel ihrem kleinen Jungen aus einem Bilderbuch vor, nachdem sie fast eine Stunde lang zusammen gebadet und gespielt hatten.

Fast zwei Stunden dauerte es, bis Thomas endlich sein Ziel erreicht hatte. Er parkte seinen Wagen und drückte den Klingelknopf an dem sechsstöckigen Mehrfamilienhaus, in dem Rachel lebte.

Sie ging auf den Balkon hinaus, um zu sehen, wer an der Tür geklingelt hatte. Sie sah einen seltsamen Mann in Militäruniform, der etwas in den Händen hält. Es dauerte ein paar Sekunden, bis sie erkannte, dass es Thomas war. Da stand er lächelnd und hielt etwas in der Hand, das sich später als zwei Hamburger und eine Flasche Weißwein herausstellte. Es war die romantischste Geste, die Thomas in den fünfundzwanzig Jahren seines Lebens vollbracht hatte.

Kein einziges Mädchen und keine einzige Frau hatten es vor Rachel geschafft, seine Aufmerksamkeit über die Länge eines One-Night-Stands hinaus zu fesseln. Er war grob, kaum sentimental und wurde von vielen als extrem arrogant empfunden. Aber in der Nähe von Rachel war Thomas ein anderer Mann. Selbst seine eigene Mutter war anfangs völlig verdutzt, als ihr Erstgeborener und Liebling plötzlich von einem Tag auf den andern zu einem ganz anderen Mann wurde, der über nichts anderes als über eine Frau namens Rachel sprach. Das war das erste Mal, dass sie ihn in diesem Kontext den Namen einer Frau erwähnen hörte. Ihr wurde schnell klar, dass ihr Sohn vollkommen verschossen in diese Frau war, ohne dass er sich dessen bewusst zu sein schien.

Bis heute macht sich Rachel über Thomas' Hamburger und den Wein lustig, aber tief im Inneren ist ihr bewusst, welche Anstrengungen Thomas an diesem Tag unternommen hatte, nur um sie zu sehen. Sie weiß nur zu gut, dass er seine persönliche Sicherheit gefährdet und sogar seine Karriere aufs Spiel gesetzt hatte, nur um sie an ihrem Geburtstag zu überraschen. Sein tollpatschiger Versuch, eine romantische Atmosphäre zu erzeugen, indem er spät in der Nacht mit Hamburgern und einer Flasche Wein in seiner Kriegsbekleidung auftauchte, und dieses trottelige Lächeln waren ein klares Zeichen dafür, dass Thomas sich langsam, aber sicher von diesem leichtfertigen Wildling in einen Mann verwandelte, mit dem sie sich eine Zukunft vorstellen konnte.

Heute, fast zwanzig Jahre nach dem „Hamburger Ereignis", sind Rachel und Thomas immer noch zusammen – gemeinsam mit ihren beiden Söhnen, dem einen aus ihrer ersten Ehe und dem jüngeren, den Rachel nur ein Jahr nach ihrer Hochzeit zur Welt brachte. Sie sind Brüder und Thomas ist ihr einziger Vater.

13

EIN POKERFACE AUFSETZEN

Es verlief anfangs nicht reibungslos, aber schließlich kam Thomas zurück und widmete sein Leben und seine Aufmerksamkeit Rachel, trotz der ständigen Bemühungen seiner Mutter und seiner restlichen Familie, sie auseinanderzubringen. Anscheinend war eine geschiedene Frau mit einem Kind für Thomas nicht gut genug, und die Tatsache, dass er sich ihnen wegen ihr entfremdet hatte, war auch nicht gerade besonders hilfreich.

Aber trotz aller Hindernisse gelang es Rachel, ihn von der Kontrolle seiner Mutter zu befreien, sodass die beiden ein gemeinsames Leben aufbauen konnten. Genau so, wie es Susan Donoghue mit Robert getan hat.

Rachel lernte aus ihrer früheren bitteren Erfahrung, die sie gemacht hatte, als sie ihren Highschool-Freund heiratete und sich während ihrer Schwangerschaft von ihm scheiden ließ. Sie beschloss, diesmal alles anders zu machen.

Obwohl sie starke Gefühle für Thomas entwickelt hatte, wusste sie nur zu gut, wie schwer es sein würde, ein solches Muttersöhnchen dazu zu bringen, sich ganz und gar auf sie einzulassen. Klar, er war ein tapferer Mann an der Front und ein geborener Anführer, aber er hatte die emotionale Reife eines notgeilen Teenagers. Und diese Denkweise war immer noch größtenteils von seiner Mutter geprägt.

Rachel wollte ihren Fehler nicht wiederholen und sich in jemandes Mutter verwandeln, anstatt auf Augenhöhe als Frau und Lebensgefährtin wahrgenommen zu werden. Deshalb beschloss sie, rational über jeden Aspekt ihrer potenziellen zukünftigen Beziehung nachzudenken. Sie änderte sogar ein wenig ihr „normales Verhalten" und inszenierte eine Art Rollenspiel.

Tief in ihrem Inneren war Rachel eigentlich eine Frau, die ständige Aufmerksamkeit brauchte. Wenn es nach ihr ginge, wäre sie Thomas nicht mehr von der Seite gewichen. Aber sie wusste es besser. Die Vergangenheit hatte ihr gelehrt, dass so etwas negative Folgen nach sich zieht. Wenn du zu schnell zu viel Hingabe zeigst, kann die andere Seite das leicht gegen dich verwenden und dich zur Sklavin machen. Also setzte sie bei Thomas ein Pokerface auf.

Rachel musste regelrecht dagegen ankämpfen, aber es gelang ihr, sich dazu zu zwingen, „die Unantastbare" zu mimen, obwohl sie sich mit jeder Faser ihres Körpers nach engem Körperkontakt mit Thomas sehnte. Ihr Ziel bestand darin, Thomas aus den Fängen seiner Familie zu befreien und ihn stattdessen von ihr abhängig zu machen egal wie hart und unfair das auch klingen mochte. Es war der einzige Weg, eine dauerhafte Beziehung zu diesem Fünfundzwanzigjährigen aufzubauen, der noch bei seinen Eltern lebte und dessen Mutter immer noch seine Wäsche wusch.

Um das zu erreichen, musste Rachel einige radikale Schritte unternehmen.

14

DIE KARTE DER PUREN LUST AUSSPIELEN

Der Sex war einfach unglaublich. Es ist kaum zu glauben, wenn man bedenkt, dass Rachel verheiratet gewesen war, aber Thomas war der erste Mann, der Rachel um den Verstand brachte. Er gab ihr etwas, was kein anderer Mann vor ihm ihr zu geben vermocht hatte, und das, obwohl Rachel eine ziemlich promiskuitive Zeit zwischen ihrer Scheidung und Thomas verbracht hatte.

Es dauerte jedoch fast einen ganzen Monat, bis sie eines Abends in einem neuen, sexy Korsett erschien und zu ihm ging, ihre Beine um seine Taille legte und ihn sanft küsste. Sie konnte seine sofortige Erregung spüren, und sie war ebenso erregt. Sie waren beide kurz vor dem Höhepunkt, weil sie Wochen damit verbracht hatten, dieses spannende und erregende Spiel zu spielen, bei dem sie nichts anderes zuließ als körperliche Berührungen und Küssen, obwohl sie fast nackt unter der Bettdecke lagen. Einen ganzen Monat lang hatte sie Thomas jegliche Chance verwehrt, Rachel völlig nackt zu sehen. Sie hatte immer ihre sexy Dessous getragen, ohne sie je auszuziehen. Zu Rachels Überraschung hatte Thomas im Nu bei diesem Spiel „Ich bin hier und ich bin geil, aber du kannst mich nicht haben" mitgespielt und es wurde bald zu einer ziemlich großen Herausforderung, wer als Erster bzw. als Erste aufgeben würde. Und dann gab es diese eine Situation, an die sich Thomas bis heute sehr gut erinnern kann und die er als einen Wendepunkt betrachtet.

Während sie unter der Bettdecke lagen, in nichts als ihrer Unterwäsche, und das Küssen und das Aneinanderreiben ihrer Körper genossen, zog Rachel irgendwann ihren Slip unter der Bettdecke heraus und wedelte damit vor seinem Gesicht. Er wurde wild und riss ihr die Decke weg – nur um festzustellen, dass sie ihn ausgetrickst hatte, indem sie einen zusätzlichen sexy Slip im Bett trug, um mit ihm zu spielen. Er brauchte fast eine ganze Stunde, um sich unter einer kalten Dusche abzukühlen ... Touché!

Rachel hatte eine wichtige Sache gelernt, nachdem sie sich von ihrem ersten Mann hatte scheiden lassen. Sie setzte ihren natürlichen weiblichen Sexappeal und machte sich rar, um einem Mann den Kopf zu verdrehen und ihn dazu zu bringen, die verrücktesten Dinge zu tun. Und das ist etwas, was jede Frau tun kann, unabhängig von ihrem Aussehen. Sie flirtete auf die offensichtlichste Weise und ließ sich sogar auf One-Night-Stands ein, doch nie erlaubte sie einem Mann, ihr zu nahe zu kommen. Egal wie sehr sie sich zu einem Mann hingezogen fühlte, sie verbarg es und spielte lieber mit ihm.

Bis Thomas in ihr Leben trat.

Thomas war der Mann, auf den sie nicht vorbereitet gewesen war. Er tauchte unangekündigt in ihrem Leben auf und löste etwas in ihr aus, wofür sie eigentlich gar nicht bereit war. Dabei war seine Ankunft schon Monate zuvor auf äußerst ungewöhnliche Weise angekündigt worden.

Sie erinnert sich, mit einigen Freundinnen eine Wahrsagerin besucht zu haben, nur ein paar Monate bevor die ganze Sache mit Thomas losging. Sie waren eines Nachmittags einfach aus Spaß dorthin gegangen.

Als Rachel an der Reihe war, äußerte sich die Hellseherin sehr konkret in einer Sache, die alle, einschließlich sie, für völlig verrückt und unmöglich hielten. Die Wahrsagerin hatte recht, als sie sagte, dass es in Rachels Leben vier Männer gebe, darunter einen, zu dem sie sich besonders hingezogen fühle. Sie lächelten alle, weil sie genau wussten, wer dieser Mann war und wie fantastisch sich Rachel in seiner Nähe fühlte. Aber dann sagte die Hellseherin etwas Seltsames. Sie sagte, es gäbe für sie keine Zukunft mit diesem Mann, denn ein neuer Mann, mit Hut und Uniform, würde in ihrem Leben auftauchen und sie völlig umhauen. Das war der Mann, mit dem sie alt werden würde.

Rachel und ihre Freundinnen fingen sofort an zu lachen, weil sie alle davon überzeugt waren, dass Rachel bereits den richtigen Mann gefunden hatte. Niemals wäre es ihr in den Sinn gekommen, dass Thomas – ein netter Kerl, der von Zeit zu Zeit in Militäruniform und Hut bei ihr im Salon vorbeischaute – dieser Mann sein könnte.

Das sollte sich eines Abends ändern, als Thomas bei ihr zu Hause war, um ein wenig zu plaudern, nur war sie diesmal im Schlafzimmer und brachte gerade ihren Sohn ins Bett. Auf einmal beugte sich Thomas zu ihr und gab ihr einen sanften Kuss auf die Lippen.

Zum ersten Mal fühlte sich Rachel, nun ja, verlegen. Thomas erinnert sich, dass sie wie ein vierzehnjähriges Mädchen aussah, ganz rot und beschämt, und sogar die Decke bis zu ihrem Kinn zog. Er lächelte nur, verabschiedete sich und ließ Rachel völlig verwirrt zurück. Sie konnte einfach nicht begreifen, was gerade passiert war. Ihr wurde klar, dass der Samen dieser tiefen Emotionen bereits vor diesem entscheidenden Kuss gesät worden war.

Nachdem sie beschlossen hatte, mit Thomas etwas Ernsthaftes anzufangen, brachte sie jene zwei mächtigen Waffen, die wir vorhin erwähnt haben, ins Spiel, weil sie wusste, dass es nur eine Sache gibt, die sie ihm bieten konnte, die er nirgendwo sonst bekommen würde – einen absoluten Liebesbeweis kombiniert mit purer Begierde und Leidenschaft, allerdings mit Grenzen – am Anfang. Mit anderen Worten, wie Leah Lee in einer ihrer bekannten Kolumnen schrieb: **„Durch sie fühlte sich die Liebe für ihn real an.“**

Dabei zog sie es richtig ab und verdrehte ihm den Kopf, indem sie sich ihm bewusst langsam öffnete. In einem Moment war sie diese attraktive, sexy Frau voller Leidenschaft; eine starke, selbstbewusste Domina. In einem anderen Moment war sie dieses schüchterne Mädchen, das scheinbar Angst davor hat, ihre Jungfräulichkeit zu verlieren.

Diese widersprüchliche Mischung liefert den entscheidenden Schub für das zentrale Überzeugungssystem eines Mannes und bringt die ansonsten perfekte Resonanz in seinem neuronalen Netzwerk durcheinander.

15

EINE WAHL BIETEN

Wie wir bereits erläutert haben, ist unser Überzeugungssystem stabil und unser Verhalten vorhersehbar, wenn wir nur eine Idee im Kopf haben. Aber wenn eine Person zwei miteinander konkurrierende Ideen hat, herrscht Chaos im Verstand dieser Person.

Der Grund, warum das so ist, liegt in der Funktionsweise unseres neuronalen Netzes.

Unsere Neuronen kommunizieren für jede spezifische Aufgabe auf einer bestimmten Frequenz. Wenn das Leben nach unseren Überzeugungen verläuft, ist die Kommunikation synchronisiert – unsere Neuronen resonieren. Wenn eine Person jedoch zwei gleich starke, aber widersprüchliche Informationen erhält, führt das zur Dissonanz. Deshalb bist du jedes Mal nervös, unsicher und aufgeregt, wenn du gezwungen bist, dich zwischen zwei Optionen zu entscheiden. Dein gesamtes Überzeugungssystem bricht zusammen. Die schwierigsten Entscheidungen können dich sogar dazu bringen, deine gesamte Existenz infrage zu stellen. Es fühlt sich so an, als würdest du deine Identität verlieren.

Der einzige Weg, die Resonanz wiederherzustellen, ist, deine Willenskraft einzusetzen und eine Option zu wählen.

Ein Junggeselle, wie es Thomas Madsen war, bevor er Rachel traf, hat ein starkes Überzeugungssystem. Er weiß, was er will und wem seine Loyalität gilt. Und solange sein Überzeugungssystem unangefochten bleibt, wird er sich nicht ändern.

Indem du deinen natürlichen weiblichen Sexappeal nutzt und dich gleichzeitig rarmachst, so wie es Rachel und Susan zumindest zu Beginn getan haben, drückst du die richtigen Schalter im Kopf eines Mannes. Langsam, aber sicher wird er anfangen, seine Aufmerksamkeit auf dich zu richten. Aber das ist nur der Anfang. Erinnerst du dich, wie Detektive einen Verdächtigen dazu bringen, zu gestehen?

Sobald dein neuronales Netz in einen Zustand der Dissonanz gerät, stoppt das Gehirn die Sekretion des Noradrenalins, weil klar geworden ist, dass etwas mit der Struktur nicht stimmt. Die neuen Umstände machen das ursprüngliche Überzeugungssystem obsolet. Etwas muss sich ändern. Zum Beispiel die Annahme eines religiösen Lebensstils nach einer Reihe von schlechten Erfahrungen und Enttäuschungen in Bezug auf das Leben und die Gesellschaft im Allgemeinen.

Der Neurotransmitter Noradrenalin spielt unter anderem eine wichtige Rolle in deinem Überlebensmechanismus – er schützt dein Überzeugungssystem, indem er die Einnistung aller Informationen blockiert, die nicht mit deinen Sichtweisen korrelieren.

Im Falle unseres Muttersöhnchens gilt seine Loyalität seiner Mutter. Sie ist diejenige, die sich um seine Bedürfnisse kümmert. Alle anderen Frauen sind nur zum Spaß da. Egal wie toll der Sex ist, er kehrt immer zu seinem Nest zurück, wo seine Mutter auf ihn wartet.

Das bedeutet, dass Sex an sich, egal wie gut er ist, einfach nicht ausreicht, um das Überzeugungssystem unseres Muttersöhnchens herauszufordern. Mit anderen Worten, es gibt keine Wahl in seinem Kopf.

Um ihm eine Auswahl zu bieten, muss man beginnen, auf vielerlei Weise mit seinem Verstand zu spielen – genau so, wie Rachel es mit Thomas getan hat. Und das bedeutet, deine Handlungen und Reaktionen im kritischsten Moment zu kontrollieren. Denn du willst ihn aus seiner Komfortzone herausholen und ihm eine attraktive Alternative in seiner Reichweite bieten.

Nachdem Rachel bemerkt hatte, dass Thomas sich, kurz nachdem sie ihn beim Spaziergang mit ihrem Sohn an jenem sonnigen Nachmittag getroffen hatte, anders verhielt, beschloss sie, ihn zu testen.

Als er das nächste Mal zum üblichen Haareschneiden kam, beschloss sie, ihn am selben Abend zum Abendessen einzuladen, zusammen mit ein paar ihrer Freundinnen und Freunden, zu ihrer Geburtstagsfeier. Sie hatte ebenfalls dieses eine Mädchen eingeladen, von dem sie wusste, dass Thomas eine Schwäche für es hatte und das selbst auch nicht immun gegen ihn war. Die beiden hatten zudem eine gewisse Vorgeschichte. Nach dem Abendessen, bei dem Thomas den Rest der Gruppe völlig ignoriert und seine volle Aufmerksamkeit ausschließlich auf Rachel gerichtet hatte, gingen sie zum nahe gelegenen Swimmingpool, um bei Nacht etwas Spaß zu haben.

Die ganze Zeit, während sie im Wasser waren, reizte Rachel Thomas, schwirrte um ihn herum, berührte ihn „versehentlich“, während sie an ihm vorbeischwamm, und tat alles, was sie konnte, um mit seinem Verstand zu spielen. Und Thomas war auch nicht nur ein passiver Zuschauer. Jedes Mal, wenn Rachel sich ihm näherte, streckte er seine Hand aus und ließ ihren Körper langsam über seine Hände gleiten.

Das Ganze erreichte einen Punkt, an dem Thomas gezwungen war, sich unter eine kalte Dusche zu begeben, in dem verzweifelten Versuch, sich abzukühlen. Aber das wollte Rachel nicht zulassen. In dem Moment, als sie ihn unter diesem kleinen Wasserfall sah, näherte sie sich ihm langsam und schmiegte ihren Körper an seinen, wobei ihre Lippen fast seine berührten, jedoch immer noch mit genügend Abstand, um sich in dem Moment zurückzuziehen, in dem sie Thomas' Hände auf ihrem Rücken spürte. Das trieb Thomas in den Wahnsinn.

Und das war nur der Anfang seiner Qualen. Etwa einen Monat lang gab Rachel kein einziges Zeichen, das Thomas hätte bestätigen können, dass sie nach dieser Nacht im Pool noch etwas anderes mit ihm vorhatte. Sie wurde wieder zu einer „guten Freundin". Doch obwohl sie überhaupt keine Signale sandte, dass sie sich für ihn interessierte, konnte Thomas sie einfach nicht aus dem Kopf bekommen. Das, was sie in jener Nacht in ihm entfacht hatte, war etwas, was er noch nie zuvor erlebt hatte, und es hinterließ in seinem Gedächtnis eine tiefe Erinnerung, die zur rechten Zeit zum Einsatz kommen würde.

Was Rachel betrifft, so deutete sie Thomas' Verhalten im Pool und die Tatsache, dass er sie nicht zu mehr gedrängt hatte – selbst nach der Show nicht, die sie in jener Nacht abgezogen hatte –, dass er ein anständiger, aufrichtiger Kerl war. Die falsche Art von Mann hätte wahrscheinlich versucht, die Situation auszunutzen, und bereits im Pool Sex mit ihr gehabt, während Thomas das Spiel einfach akzeptierte.

Doch nach jenem Kuss – anderthalb Monate nach dem Geburtstagsessen und der Poolshow – fing Rachel an, ihm aus dem Weg zu gehen. Nicht absichtlich, sondern weil sie Angst vor ihren Emotionen hatte. Sie wollte einfach nicht in einer weiteren beschissenen Beziehung landen, weil sie nur allzu gut wusste, dass alles immer süß und sanft beginnt, sich dann aber plötzlich ins Gegenteil verkehrt, sobald man einem Mann seine volle Zuneigung zeigt. Später sollte sich herausstellen, dass dies die beste Entscheidung war, die sie je getroffen hatte.

Thomas war kein Typ, der leicht aufgibt, nachdem er sich etwas vorgenommen hat. Stattdessen setzte er sich ein Ziel und begann mit der Umsetzung seiner Idee. Rachel hatte einen so tiefen Eindruck bei ihm hinterlassen, dass er es regelrecht in seinem Bauch spüren konnte.

Nachdem es offensichtlich wurde, dass Rachel ihm aus dem Weg ging, änderte Thomas seine Strategie und ließ sie für eine Weile in Ruhe. Er wollte nicht aufdringlich wirken, weil er nicht riskieren wollte, sie zu verlieren.

Ein paar Tage später klopfte er eines späten Abends an ihre Tür. Rachel erinnert sich, ihn nervös und ängstlich durch den Türspion betrachtet zu haben. Sie wusste nicht, ob sie ihn hereinlassen sollte oder nicht. Gerade als Thomas dabei war zu gehen, öffnete sie langsam die Tür und ließ ihn herein. Zu ihrer Überraschung verhielt sich Thomas so, als wäre nichts passiert. Er war einfach nur für eines ihrer nächtlichen Gespräche vorbeigekommen, so wie sie es vor jenem Tag das ganze Jahr über schon immer gemacht hatten. Schon bald führte jedoch eines zum anderen, sie kamen sich näher und ließen endlich all die angesammelte Leidenschaft und Lust explodieren.

In den nächsten Monaten waren sie wie zwei hormongesteuerte Teenager, die sich bei jeder Gelegenheit gegenseitig packten, mehrmals am Tag, in ihrer Wohnung, in seinem Auto, sogar in einem öffentlichen Park. Sie konnten einfach nicht genug voneinander bekommen, selbst nachdem Thomas bei ihr eingezogen war. Sie wussten bereits so viel übereinander, dass Thomas' Einzug ein ganz natürlicher Verlauf der Dinge war. Eines Abends tauchte er einfach mit zwei Taschen in der Hand vor ihrer Tür auf und sie ließ ihn herein, als ob er schon seit

Jahren bei ihr leben würde. Es fühlte sich einfach natürlich und vor allem gut an.

Sie hatte ihm eine attraktive Option in seiner Reichweite geboten und ihm somit die Wahl ermöglicht. Und sie tat alles, um ihn daran zu erinnern, dass er diese Wahl getroffen hatte.

Und er hatte sie getroffen, weil er im wahrsten Sinne des Wortes „süchtig" nach Rachel geworden war. Er war bereit, alles für sie zu tun. Sie war alles, wonach er gesucht hatte.

Eine Dame in der Öffentlichkeit, ein Dienstmädchen im Haus und ein Pornostar im Bett. Das ist für Männer die Definition einer perfekten Frau.

16

WAS ER VON DIR ERWARTET

Eine Dame in der Öffentlichkeit, ein Dienstmädchen im Haus und ein Pornostar im Bett – die perfekte Frau, zumindest nach Ansicht der Männer. Ich bin mir sicher, dass Frauen hierfür auch noch andere Bezeichnungen einfallen würden, aber das ist ein anderes Thema.

Egal, ob wir bereit sind, diese Aussage zu akzeptieren oder nicht, es ändert nichts an der Tatsache, dass er, sobald eine dieser drei Instanzen ausgelassen wird, nach Alternativen sucht. Es ist einfach unvermeidlich und unterscheidet sich gar nicht mal so sehr von der Situation, in der Frauen anfangen, ein Auge auf andere Männer zu werfen, weil ihr Held angefangen hat, sich wie ein Arsch zu benehmen.

Heißt das also, dass du für den Rest deines Lebens seine Putzfrau, seine Ersatzmutter und seine Köchin sein sollst, damit dir dein Mann vollkommen ergeben ist und dir auf ewig treu bleibt?

Niemals!

Genau das ist es, was du vermeiden solltest, wenn du a) dein Leben nicht wie im 18. Jahrhundert verbringen willst, b) deinen Mann nicht mit einer anderen Frau oder ein paar von ihnen teilen willst oder c) dich nicht in die Arme eines anderen Mannes werfen willst.

Es mag für dich überraschend klingen, aber die größte Anzahl von Seitensprüngen findet in Beziehungen statt, in denen sich die Frau in eine klischeehafte Hausfrau verwandelt, die ihr Leben in ihrem Haus eingesperrt verbringt, mit nur kurzen Fahrtstrecken, um die Kinder zur Schule zu fahren, sie von der Schule abzuholen, Lebensmittel einzukaufen und die Kleider aus der Reinigung zu holen.

Dieser Lebensstil führt faktisch dazu, dass ihr Mann beginnt, sie als seine „Mutter" wahrzunehmen. Was für ein Abgang! Von der leidenschaftlichen Frau, die seine Körpertemperatur mit nur einem Blick hochzujagen vermochte, hin zu einer frustrierten Frau, die sich gelangweilt Seifenopern ansieht und sich durch Facebook blättert.

Das ist nicht das, wofür er sich anfangs entschieden hat. Falls doch, hast du den gesamten Kompatibilitätscheck verpeilt, also hol dir so schnell wie möglich einen Scheidungsanwalt. Es gibt viele andere Fische im Meer für dich.

Er will die Frau, die er damals getroffen hat und die ihn verrückt nach ihr gemacht hat. Nicht mehr und nicht weniger.

Hast du damals seine Hemden gewaschen? Nein, hast du nicht. Warum denkst du also, dass er sich für so etwas interessiert? Nochmals, wenn das sein Hauptanliegen und Interesse ist, dann mach Schluss mit ihm. Das Leben ist zu kurz, um sich mit einem Arschloch herumzuschlagen.

Wenn du also nicht Tag für Tag seine Hemden bügelst, jeden

Tag drei Mahlzeiten für ihn und die Kinder kochst, während du den verdammten Staubsauger in der Hand hältst, wie kannst du dann eine Dame, ein Dienstmädchen und vor allem ein Pornostar werden? Mit anderen Worten, wie kannst du dir dann sicher sein, dass du seine Erwartungen erfüllst?

Ganz einfach. Werde…

17

EINE DAME MIT HALTUNG

... Bestenfalls eine, die jedes Mal, wenn sie den Raum betritt, alle Blicke auf sich zieht. Das Ganze hat nicht nur mit dem unwiderstehlichen Sexappeal einer Frau zu tun. Es steckt viel mehr dahinter, wie bei allen anderen Dingen im Leben auch.

Männer mögen es nämlich, ihre Erfolge zu präsentieren. Sie prahlen gerne mit ihnen. Sie setzen alles daran und werden sogar ihre finanzielle Stabilität gefährden, nur um den neuen BMW zu fahren oder einen schicken Anzug zu kaufen. Es ist ein Statussymbol.

Das Gleiche gilt für ihre Frauen. Zumindest wenn wir über normale Männer sprechen und nicht über diese Weicheier oder kontrollsüchtigen Soziopathen. Der kleine Junge in ihm will einfach jedem dieses neue Spielzeug zeigen, nur um – zumindest für eine Weile – die neidischen Blicke seiner Freunde zu genießen. Und, um ehrlich zu sein, tun Frauen genau das Gleiche, wenn sie die Gelegenheit dazu haben.

Wenn er also mit einer Frau an seiner Seite auftritt, die sich wie eine Dame verhält, todschick gekleidet ist und ein makelloses

Make-up trägt, hat er buchstäblich einen Dopaminrausch. Was ihn wiederum dazu bringt, sich noch mehr zu dir hingezogen zu fühlen. Es ist eine ganze Reihe von Dingen, die eine Frau benutzen kann, um ihren Mann fest an sich zu binden.

Dies reduziert sich jedoch nicht auf so eine oberflächliche Sache wie auf das äußere Erscheinungsbild. Ein anständiger Mann, der eine vielversprechende Zukunft verheißt, richtet sein Augenmerk auch auf etwas anderes.

Er möchte, dass die Menschen in seiner Umgebung, sowohl Männer als auch Frauen, hinter ihrem femininen Äußeren ihre innere Stärke spüren. Sie muss in jedem Gespräch die Wortführerin sein und den anderen mental überlegen sein. Am wichtigsten ist, dass sie keine Scheu hat, ihre Meinung offen und ohne Vorbehalte zu äußern.

Das gilt vor allem für Situationen, in denen sie in der Öffentlichkeit in irgendeiner Weise angegriffen oder provoziert wird. Sie reagiert schlagfertig darauf, macht den Provozierer schachmatt und bringt die Leute zum Lachen. Auch zögert sie nicht, ihre Krallen auszufahren, um sich für ihn einzusetzen, egal was passiert. In gewisser Weise sucht er in jedem Bereich nach einem gleichwertigen Gegenüber.

Falls nicht, ist er schlicht und einfach nicht gut für dich. Männer, die Frauen absichtlich „ersticken", indem sie sie gar nicht erst zu Wort kommen lassen, gehören zu den letzten beiden erwähnten Gruppen von Männern.

Denn so lange wie es die Menschheit auf diesem Planeten gibt, so lange gibt es Männer, die sich nur für Frauen interessieren, die einen nachhaltigen Eindruck hinterlassen. Ich persönlich glaube, dass es diese Männer schon zu Urzeiten gab, als sie noch Keulen benutzten, um die Frau ihres Interesses „anzuziehen".

Seine „Traumdame" muss überdies ausstrahlen, dass sie einen

offenen und positiven Geist hat. Er liebt es, mit ihr lange und interessante Gespräche über alles Mögliche zu führen. Weil sie sein Typ ist. Und sie ist die Einzige, der er wirklich vertraut.

Ihre Persönlichkeit soll die Menschen ihrer Umgebung möglichst neidisch und sogar eifersüchtig machen. Angefangen von der Art, wie sie lacht, bis hin zu ihrer provokativen Haltung muss alles von einer starken, selbstbewussten Frau zeugen, die weiß, was sie will, und die vor allem weiß, wie man das Leben genießt.

Das ist die Art von Frau, die einen tiefen Eindruck hinterlässt und Männer und Frauen dazu bringt, sich an sie zu erinnern.

Bist du diese Art von Frau?

Mangelndes Selbstvertrauen lässt sich nicht verstecken. Der folgende Exkurs soll aufzeigen, a) wie man die offensichtlichen Anzeichen einer Person mit geringem Selbstvertrauen sowohl erkennt als auch versteht und b) wie man den Spieß ganz einfach umdreht und zu einer selbstbewussten Person wird.

Das heißt, wenn man einem Mangel an Selbstvertrauen effektiv entgegenwirken will, muss man sich von der vernichtenden Rhetorik distanzieren, die an eine Person gerichtet ist, die – zumindest in deinem Kopf – besser ist als du. Stattdessen musst du an dir selbst arbeiten, um besser zu werden als diese Person. Mit anderen Worten, **du wirst nicht aufsteigen, indem du die Besseren runtermachst, sondern indem du dich selbst verbesserst.**

Ein typisches Beispiel ist der Ehepaar-Streit (oder besser: Ehepaar-Kampf), bei dem ein Partner, nachdem er alle Argumente ausgeschöpft hat, nun alle verfügbaren Mittel einsetzt, um die andere Seite niederzumachen, in dem verzweifelten Versuch, sich selbst als überlegen darzustellen.

In Wirklichkeit handelt es sich um mangelndes Selbstvertrauen.

Die Auswirkungen sind verheerend. Aus so einer Person spricht der pure Neid. Die Worte aus ihrem Munde rühren von einer zornigen Seele, die sich ihrer eigenen Fehler zwar bewusst ist, aber keinen Willen zur Weiterentwicklung hat. Sobald eine solche Person herausgefordert wird, fängt sie an, den anderen zu beleidigen, in dem verzweifelten Versuch, sich überlegen zu fühlen, zumindest für einen Moment.

Wird sie sich dadurch besser fühlen und wird dies ihren Mangel an Selbstbewusstsein beheben?

Nicht in einer Million Jahren! Die chemischen Folgen für das Gehirn eines solchen Menschen sind ziemlich verheerend. Unmittelbar nach der Auseinandersetzung wird diese Person von der Wut in eine akute Depression verfallen.

Die bewusste Wahrnehmung der eigenen Leistungsschwäche, wenn man durch eine andere Person damit konfrontiert wird, begleitet von Neid, verhindert die Aktivierung des Serotonin-Neurotransmitters. Das ist das Hormon, das unter anderem ein positives Selbstbild und ein Gefühl von Stolz erzeugt.

Dass die Serotonin-Aktivierung ausbleibt, liegt darin begründet, dass auch die Ausschüttung von Dopamin-Neurotransmittern völlig ausbleibt. Es wurde kein „Feuer“ entfacht, weil keine konkrete Eigenleistung erbracht wurde. Der lahme Versuch, jemand anderen zu erniedrigen, um sich dadurch „besser“ zu fühlen, kann jedoch keinen dauerhaften positiven Effekt erzeugen. Niemals.

Fazit: Mangelndes Selbstvertrauen kann durch die Aufrechterhaltung des optimalen Dopamin- und Serotoninspiegels behoben werden.

Wir werden im Folgenden eine der berühmten Analogien von Simon Sinek verwenden, um dir zu zeigen, wie einfach es ist, einen solchen positiven Effekt zu erzielen.

Du spazierst durch einen Park und siehst in einiger Entfernung einen Apfelbaum. Plötzlich entsteht in dir der Wunsch, einen Apfel zu essen. Entweder weil du tatsächlich hungrig bist oder einfach nur, weil du Lust darauf hast – du möchtest in diesem Augenblick nichts lieber als einen dieser Äpfel pflücken und essen.

Dein Gehirn schüttet einen kleinen Tropfen Dopamin aus, der daraufhin deinen ganzen Körper durchströmt. Du spürst einen Hauch von Erregung. Etwas treibt dich wie magisch in Richtung dieses Apfelbaums.

Das ist der primäre Dopamin-Effekt. Dopamin wirkt wie ein Antrieb, der dich dazu bringt, etwas zu erreichen. Gleichzeitig wird dein Selbstvertrauen gesteigert. Mit jedem Schritt, den du weitergehst, schüttet das Gehirn einen Tropfen Dopamin nach dem anderen aus, wobei jeder Tropfen eine noch stärkere Wirkung hat als der vorhergehende.

Wenn du dann beim Baum angelangt bist und dir bewusst wird, dass der saftige, rote Apfel nun in deiner unmittelbaren Reichweite ist, spürst du eine überwältigende Erregung. In diesem Moment erreicht die Dopamin-Ausschüttung ihren Höhepunkt. Es fühlt sich so an, als hättest du etwas ganz Großartiges erreicht. Und wenn du dann endlich voller Genuss in den Apfel beißt, feuert das Gehirn Serotonin. Du entspannst dich und hast das Gefühl, der König des Universums zu sein. Wie ein echter Alpha.

Wie kann man diese Analogie nun anwenden, um einem Mangel an Selbstbewusstsein entgegenzuwirken?

Wenn du das nächste Mal darangehst, ein paar Dinge zu erledigen, notiere deine Aufgaben in einem Notizbuch oder in einer geeigneten App. Und jetzt kommt der wichtige Teil: Jedes Mal, wenn du eine Aufgabe auf deiner Liste erledigt hast, musst du einfach nur einen Haken dahinter machen. Du wirst sofort einen Dopamin-Effekt spüren. In diesem Moment sprudelst du nur so vor Selbstvertrauen, weil du etwas erreicht hast. Du findest, das klingt albern? Mag sein, aber es funktioniert.

Das Ergebnis der Dopamin-Ausschüttung, die letztendlich zu einer Serotonin-Freisetzung führt, die in dieser Kombination das Selbstvertrauen steigert, ist absolut das Gleiche, wie wenn man den Mount Everest besteigt oder Lebensmittel in einem Supermarkt einkauft, denn es geht darum, dass man ein Ziel erreicht hat, das man sich vorher gesetzt hat, und nicht um die Schwierigkeit des Ziels an sich. Je schwieriger ein Ziel zu erreichen ist, desto mehr Zwischenziele („Mikroziele") gibt es, und jedes einzelne wird den gleichen Effekt erzeugen, sobald es erreicht ist.

Was ich hier zu sagen versuche: Du solltest dir angewöhnen, auch einfachste und kleinste Ziele „selbst-bewusst" zu erreichen, allein schon um deinen Körper mit dem lebenswichtigen Dopamin und Serotonin zu versorgen bzw. zu belohnen.

Ja, mach eine große Sache daraus und es wird für dich von Bedeutung sein. Mit anderen Worten, einen Apfel von einem Baum zu pflücken, den du entdeckt hast, und ihn dann mit Genuss zu verzehren, wird unweigerlich dein Selbstvertrauen steigern, zumindest kurzfristig. Die kumulative Wirkung zahlreicher „Äpfel" pro Tag führt zu einem ultimativen Belohnungseffekt und macht dich ultraselbstbewusst. – eine simple Bonus-Übung, um dein Selbstvertrauen zu steigern, solltest du dieses jemals infrage stellen.

Und jetzt lass uns fortfahren.

18

EIN DIENSTMÄDCHEN MIT PFIFF

Erinnerst du dich an das sog. „Gleichstellungsprinzip"? Glaubst du wirklich, dass er weiterhin eine so gute Meinung über dich haben wird, wenn ihr nicht auch diesen Teil eures Lebens miteinander teilt?

Leider machen hier viele Frauen einen entscheidenden Fehler. Aufgrund des – inzwischen völlig veralteten, gar beleidigenden – Rollenbildes einer Frau und ihrer vermeintlichen „Verantwortung" für den Haushalt graben sich viele junge Frauen unabsichtlich ihr eigenes Grab. Um nicht in diese Falle zu tappen, ist es empfehlenswert, ihm ganz selbstverständlich den Staubsauger in die Hand zu drücken, während du den Abwasch machst oder umgekehrt – und zwar gleich ab dem ersten Tag eures gemeinsamen Lebens.

Wenn du kochen kannst, gibt es keinen einzigen Grund, warum er das nicht auch lernen sollte. Schließlich sind die berühmtesten Köche der Welt fast ausschließlich Männer, und das hat nichts mit einer Verschwörungstheorie gegen die Frauen oder mit männlichem Marketing oder Chauvinismus zu tun. Klingelt es jetzt bei dir?

Du arbeitest, er arbeitet. Du hast es satt, immer wieder etwas beim Chinesen zu bestellen. Also kochst du etwas, sobald du nach Hause kommst. Ihr beide genießt ein selbst gemachtes Gericht und ein Glas kalten, weißen Chardonnay und freut euch auf das Hauptevent im Schlafzimmer oder gleich direkt auf dem Tisch. Ein guter Tag!

Am nächsten Tag fragst du einfach: „Was wirst du zum Abendessen zubereiten?" Du wirst überrascht sein, wie schnell er kochen lernen wird, wenn du die ersten paar Male die uralte Belohnung benutzt.

Ja, sie sind wie Welpen. Du kannst sie ganz simpel mit einem Leckerli „dressieren". Entspann dich, lass dir ein leckeres Abendessen kochen, lass ihn die Fenster putzen, die Kleidung waschen, dir deine Bluse bügeln, ihn die Sachen aus der Reinigung holen. Du wirst überrascht sein, wie exzellent er alle diese Fähigkeiten erlernen kann.

Das bedeutendste Resultat dieser Aufteilung von Hausarbeiten und Besorgungen ist jedoch eure *Bindung,* die dadurch umso mehr gefestigt wird, denn ihr macht etwas *gemeinsam;* und zwar etwas, was überdies lebensnotwendig ist. Denn die Fähigkeit, eine gekochte Mahlzeit auf den Tisch zu stellen – so banal das auch klingen mag –, ist eine der wichtigsten Fähigkeiten eines Menschen.

Im Gehirn eines Mannes wird aufgrund seiner erhöhten Testosteronproduktion (Männer produzieren zwanzigmal mehr Testosteron als Frauen) die Synthese der lebenswichtigen Belohnungschemikalie positiv beeinflusst. Wenn ein Mann also eine Mahlzeit kocht und sein Ergebnis auf Anerkennung stößt, spürt er einen sofortigen Dopaminschub. Das ist der Grund, warum so viele Männer sehr erfolgreiche Köche sind; es ist ihr Rausch.

Viele Paare hören auf, Dinge gemeinsam zu tun, obwohl die

meisten von ihnen auf diese Weise entstanden sind. Sobald sie zusammenziehen und das anfängliche Feuer erlischt, geht jeder seinen eigenen Aktivitäten nach. Einzig wenn sie – sagen wir einmal im Monat – miteinander Sex haben, tun sie tatsächlich etwas gemeinsam. Hingegen haben Partner, die selbst die einfachsten Hausarbeiten zusammen erledigen, in der Regel mindestens einmal pro Woche beidseitig befriedigenden Sex.

19

EIN PORNOSTAR AUS SEINEN TRÄUMEN

Leider sind Pornofilme meistens der erste Kontakt eines Mannes mit Sex. Sobald sie das Alter von zwölf Jahren erreichen (oder noch früher), schauen sie heimlich Pornos. Bis sie ihre Unschuld verlieren, was im Durchschnitt zum siebzehnten Lebensjahr geschieht, wird ihr sexuelles Verlangen ausschließlich durch die Hardcore-Szenen des Geschlechtsverkehrs angetrieben, zu denen sie heute überall Zugang haben. Das sind ganze fünf Jahre, in denen dieses junge Gehirn oft unmöglichen oder gar ekelhaften und entwürdigenden sexuellen Aktivitäten ausgesetzt ist.

Nichtsdestotrotz erwartet er genau das von dir im Bett, falls er vor dir nicht zufällig eine ältere, erfahrene Frau hatte, die ihm alles über unsere Vorlieben und bestimmte Tabus beigebracht hat, unabhängig von den Umständen.

Und hier ist der Haken: Er weiß, dass es immer Frauen geben wird, die für alles offen und bereitwillig sind. Wenn es nicht so wäre, dann würde es die Pornobranche gar nicht geben, und er ist sich dessen durchaus bewusst.

Jetzt denkst du wahrscheinlich, dass du gezwungen bist, Dinge zu tun, die du widerwärtig findest, nicht wahr? – Nein, das bist du nicht. Es gibt eine „Option C". Ob du es glaubst oder nicht, um sein „Pornostar" zu werden, bedarf es anderer Dinge, die nichts mit Pornofilmen zu tun haben. Diese Vorstellung ist nur eine weitere Falle, in die viele unerfahrene Frauen tappen. Dann verbringen sie Jahre damit, alle möglichen ekelhaften Dinge zu ertragen, in ihrem verzweifelten Versuch, ihren Mann „bei der Stange" zu halten.

Vergiss nicht, er weiß in seinem jungen Erwachsenenalter nicht wirklich viel über Sex oder was Frauen zu mehreren Orgasmen führt. Wir reden hier über Männer in den Zwanzigern, die noch nie eine ernsthafte, langfristige Beziehung hatten und die keine Erfahrungen mit selbstbewussten Frauen haben, die wissen, was sie wollen. Seine sexuellen „Kenntnisse" sind daher extrem rudimentär.

Wir alle sind unterschiedlich, jeder von uns hat seine eigenen Vorlieben. Es ist für ihn buchstäblich unmöglich zu wissen, was dich am meisten „anmacht", ohne dass du es ihm ausdrücklich sagst, egal ob Dirty Talk, ein starker und kräftiger Doggy Style, intensiver, mehrfacher Cunnilingus, Analsex, leichtes oder extremes BDSM, Rollenspiel, Dreier, Schaukeln, bisexuelle Tendenzen oder jede andere denkbare sexuelle Präferenz.

Im Gegensatz zu dir ist er simpel gestrickt, wenn es um diese Dinge geht. Das Einzige, was er tun kann, um dich zu befriedigen, ist das, was er von all den Pornos gelernt hat, die er seit über einem Jahrzehnt schaut. Bedauerlicherweise lernt kaum ein Mann, wie man eine Frau wirklich befriedigt, indem er Pornofilme als eine Art Tutorial benutzt. **Solange er deine Freude und deine Erregung deutlich spüren kann,** geht alles, außer vielleicht ein Dreier mit einem anderen Mann. Das macht die Dinge gewissermaßen einfacher für dich. Wenn du also dein Sexleben wirklich genießen und sein „Pornostar" werden willst, **musst du ihm klare Anweisungen geben.**

Das impliziert ein offenes Gespräch über deine tiefsten Emotionen und sexuellen Wünsche – selbst während des Geschlechtsverkehrs. Da muss er dann auch schon mal eine Ohrfeige wegstecken, wenn er an der falschen Stelle reibt.

Zögere nicht, deine Wünsche auf die direkteste Weise zu äußern, denn sexuelle Kompatibilität und gegenseitige Befriedigung sind die entscheidenden Faktoren jeder langfristigen Beziehung.

Wenn du dich schüchtern verhältst und es nicht schaffst, ihn anzuleiten, wirst du darunter leiden, und schließlich kann das Ganze wie ein Kartenhaus zusammenfallen. Wir leben nicht mehr im 19. Jahrhundert. Eine Frau hat Optionen. Viele sogar.

Nehmen wir zum Beispiel Rachel, die vor Thomas noch nie einen Orgasmus mit einem Mann erlebt hatte. Und auch mit ihm funktionierte es nicht sofort „wie von selbst". Die ersten paar Male, als sie Sex hatten, spürte sie zwar die gewöhnliche Erregung, konnte aber nie diese magische Grenze überschreiten. Bis sie ihm schließlich erlaubte, sie zu lecken – etwas, was sie noch nie zuvor jemand anderem erlaubt hatte.

Beim ersten Mal Thomas leistete nicht so tolle Arbeit. Also gab sie ihm ein paar Tipps, die zu ihrem allerersten explosiven Orgasmus führten. Nachdem sich die Aufregung gelegt hatte, fühlte sie sich so, als würde ihr ganzer Körper lichterloh brennen. Ihr Gesicht leuchtete rot und sie lächelte in einem fort, was für Thomas höchst amüsant war. So wie in dieser Nacht hatte er sie noch nie erlebt.

Wenn Rachel nicht die Reißleine gezogen und Thomas in die richtige Richtung gelenkt hätte, wer weiß, wie gut ihre Beziehung heute noch sein würde oder wie lange sie gar gehalten hätte. Dank ihrer Offenheit genießt Rachel auch heute noch, nach all den Jahren, den Sex mit Thomas und umgekehrt. Er schmust erst lange mit ihr unter einer kuscheligen Bettdecke, um sie in die richtige Stimmung zu bringen. Er überstürzt nichts, denn für Thomas, genau wie für jeden anderen anständigen und ehrenwerten Mann auch, fühlt sich Sex erst dann richtig an, wenn er deutlich spürt, dass die Frau es wirklich genießt. Dann wird sie zum „Pornostar" aus seinen Träumen.

Behalte immer im Auge, dass Sexappeal sowie Sex an sich deine stärksten Waffen sind. In den folgenden Kapiteln, wenn wir auf sog. „Angewohnheiten" zu sprechen kommen, wirst du verstehen, welche Art von Druckmittel du besitzt und was du damit erreichen kannst. Bedenke vor allem, dass Sex als wesentlicher Bestandteil jeder gesunden Beziehung zwischen Mann und Frau für *beide gleichermaßen* wichtig ist, sowohl für ihn als auch für sie. Insofern liegt es in deinem ganz eigenen Interesse, dich dem richtigen Mann zu öffnen und ihm deine tiefsten Wünsche zu offenbaren.

Um sicherzustellen, dass das Vergnügen über Jahrzehnte hinweg bestehen bleibt, gibt es eine Sache, mit der du dich gleich zu Beginn befassen musst. Oder, um es konkreter auszudrücken, es gibt eine Person, mit der du auf die richtige Weise umzugehen lernen musst. Andernfalls riskierst du alles.

Von wem auch immer dieser Ausspruch „Halte deine Freunde nahe bei dir, aber deine Feinde noch näher" stammt, der stand offensichtlich noch nie einem echten Feind gegenüber. Doch manchmal lohnt es sich tatsächlich.

20

DER FEIND VOR DER TÜR

Wie fühlst du dich, wenn dir plötzlich etwas, was dir wichtig ist, weggenommen wird? – So fühlt sich jede Mutter, wenn ihr Sohn eines Tages nach Hause kommt und ihr mitteilt, dass er auf Dauer geht, weil er bei der Frau einzieht, die er liebt.

Die Mutter wird von widersprüchlichen Emotionen überwältigt. Auf der einen Seite ist sie glücklich und stolz, dass ihr Sohn erwachsen geworden ist und endlich die richtige Frau gefunden hat, die seine Liebe bedingungslos erwidert. Auf der anderen Seite ist sie beklommen und kann das Gefühl nicht loswerden, dass sie nicht gut genug für ihn ist. Aber das Schlimmste kommt erst noch.

Im ersten Jahr jeder leidenschaftlichen Beziehung können die Partner nicht genug voneinander bekommen. Das bedeutet, dass sie jeden freien Moment zusammen verbringen, was seine verfügbare Freizeit für andere, vor allem was die Besuche bei seiner Mutter angeht, erheblich reduziert. Darüber hinaus versucht fast jede Frau instinktiv – unter normalen Umständen –, gemeinsam mit ihrem Freund mehr Zeit mit ihren Eltern zu verbringen, wodurch sie auf Kosten seiner Eltern und seiner Familie die Situation zu ihren Gunsten beeinflusst.

Schon bald wird seine Mutter in Aktion treten. Sie kann einfach keinen Frieden mit der Tatsache schließen, dass eine fremde Frau ihren Sohn von ihr fernhält. In ihrer Vorstellung tut diese Frau das absichtlich und böswillig. Also benutzt seine Mutter eine Waffe, die sie noch nie im Stich gelassen hat – ihren Einfluss.

Jedes Mal, wenn sie die Gelegenheit hat, mit ihm allein zu sprechen, wird sie alles in ihrer Macht Stehende tun, um einen Keil zwischen ihn und die Frau zu treiben, die er liebt. Am häufigsten spielt sie mit der „Emotionskarte", indem sie gelegentlich negative Aussagen über ihre Eltern und ihre Familie fallen lässt. Und wenn es etwas gibt, was ein Sohn sich nicht wünscht, dann ist das eine traurige und enttäuschte Mutter. Es lässt all die Emotionen und Gefühle wieder aufleben, die er für seine Mutter hat. Wenn diese Situation ungelöst bleibt, kann es zu einer Trennung kommen. Im besten Fall wird seine Mutter die Beziehung weiterhin beeinträchtigen, was dich letztendlich in den Wahnsinn treiben wird.

Du musst auf jeden Fall dafür sorgen, dass sie keinen Einfluss mehr auf eure Beziehung nimmt, wenn du deinen Seelenfrieden bewahren willst. Du möchtest doch nicht wirklich, dass sie dein Leben dominiert oder in deinen Sachen herumwühlt, oder?

Um dieses Horrorszenario zu vermeiden, beginnst du mit der einfachsten und logischsten Sache: rechtzeitige...

21

PRÄVENTION

Es ist wichtig, eine positive und gute Beziehung zu seiner Mutter aufzubauen. In einigen Fällen geschieht das ganz von selbst, wie in Susans Fall. Sie führte stundenlange Gespräche mit ihrer zukünftigen Schwiegermutter (immer wenn Robert nicht da war). Und Roberts Mutter begann, Susan zu mögen. Es hat einfach „klick" gemacht.

Dieser paradiesische Zustand währte jedoch nicht lange, was größtenteils an Robert lag. Er wurde derart „süchtig" nach Susan, dass er überhaupt kein Bedürfnis mehr verspürte, seine Eltern zu besuchen. Und wenn er es dann doch tat, blieb er nicht länger als maximal eine Stunde. Hingegen hatte er kein Problem damit, ein paar Tage bei Susans Eltern zu verbringen, was seine Mutter schmerzhaft zur Kenntnis nahm.

Dadurch verschlechterte sich die Beziehung zwischen seinen Eltern und Susan, was Robert unter großen Druck setzte und sich natürlich negativ auf die Qualität der Beziehung zwischen Robert und Susan auswirkte. Dies war die erste „Prüfung" in Bezug auf Roberts Hingabe gegenüber Susan sowie auch bezüglich Susans Toleranz für Roberts häufig unberechenbares

Verhalten während dieser schwierigen Zeit. Robert befand sich jetzt in einer komplizierten Situation, in der er noch nie zuvor gewesen war.

Es ist der uralte Konflikt, der jedoch mit Klugheit und viel Fingerspitzengefühl umgangen werden kann. Und da du es in der Anfangsphase der Beziehung mit einem unreifen Kind zu tun hattest, ist es nun deine Aufgabe, mit dieser kniffligen Situation umzugehen. Achte also darauf, wenn möglich, **eine gute Beziehung zu seiner Mutter aufrechtzuerhalten und die Anzahl eurer Besuche bei seinen und deinen Eltern in einer ausgewogenen Balance zu halten,** sodass sich am Ende niemand vernachlässigt fühlt oder enttäuscht ist. Diese einfache „Gewohnheit" wird sich auf Dauer lohnen.

Das ist natürlich leichter gesagt als getan, denn es ist schwer, die eigenen „Instinkte" zu bekämpfen, erst recht nachdem du ein gewisses Maß an Feindseligkeit oder Abneigung vonseiten seiner Familie zu spüren bekommen hast. Als Frau wirst du typischerweise jedes Wort auf die Goldwaage legen und das Negative regelrecht „erwarten". Du bist jetzt auf der Hut.

Diese negative Einstellung deinerseits verstärkt das ganze Problem noch mehr. Das, worauf du dich konzentrierst, potenziert sich. Das bedeutet, dass du unbewusst nur die Teile herausfiltern wirst, die beleidigend und verletzend sein könnten, während du die positiven Dinge völlig ignorierst.

Eine Begebenheit wird zur anderen führen, und du wirst unweigerlich anfangen, den Kontakt mit seiner Familie zu meiden. Das Ganze wird folglich die Komfortzone deines Partners durcheinanderbringen und ihn zunehmend nervös machen. Es ist nur eine Frage der Zeit, wann du das Ultimatum stellen wirst – sie oder ich.

Diese Situation bringt ihn in ein Dilemma. Auf der einen Seite stehst du, die Frau, die er liebt. Auf der anderen Seite steht seine

Familie, die Menschen, die ihm am nächsten stehen und die er schon sein ganzes Leben lang kennt.

Wenn du Glück hast, wie Rachel, werden seine Eltern ungewollt dafür sorgen, dass die ganze Sache zu deinen Gunsten ausgeht, weil sie ihn regelrecht dazu „herausfordern", sich schützend vor dich zu stellen. Selbst die geringste negative Äußerung über dich wird ihn aus der Fassung bringen und er wird kein Problem damit haben, den Kontakt zu seinen Eltern abzubrechen. Wenn du nicht so viel Glück hast, aber trotzdem entschlossen bist, jeglichen Kontakt mit seiner Familie zu vermeiden, zumindest vorerst, dann spiele mit der „Emotionskarte".

Du besitzt ein Druckmittel, das sonst niemand besitzt – nicht einmal seine Mutter. Es ist dieser Speicherblock in seinem Kopf, den du jetzt in Betrieb setzen musst. Er muss erkennen, was er verliert, wenn er nicht ganz zu dir steht. Überdies wird das ein Test sein, wie stark seine Zuneigung zu dir tatsächlich ist.

Seine Loyalität gegenüber seiner Mutter, seinem Vater und seiner ganzen Familie kann oder darf einfach nicht über der Zuneigung stehen, die er dir gegenüber empfindet. Es ist ein ganz anderes Level der emotionalen Bindung. Und alles, was du tun musst, ist, ihn daran zu erinnern, was bzw. wen er an seiner Seite hat.

Aber du musst ihm auch von Anfang an deutlich machen, dass dich einige Dinge stören.

22

DRUCK

Männer mögen es nicht, wenn man nörgelt. Sie finden das nervig und psychisch anstrengend. Allein der Gedanke an eine nörgelnde Frau reicht aus, um ihr inneres Wohlbefinden zu stören und sie unter starken Druck zu setzen. Sie wirken verwirrt und verstört, wie eine Maus, die in einem Labyrinth gefangen ist, aus dem es kein Entkommen gibt.

Perfekte Umstände für eine Gehirnwäsche, würden wir sagen. Jede Kugel, die vonseiten seiner Familie kommt, muss abgewehrt werden. Und ich meine *jede*. Wenn du das nicht tust, wird er bald das Gefühl haben, dass alles in Ordnung wäre, obwohl seine Mutter aktiv euer beider Leben dominiert. Solange sie die Kontrolle hat, wirst du keine gute, für beide Seiten befriedigende, langfristige Beziehung zu dem Mann aufbauen können, den du gewählt hast. Und das liegt daran, dass ihr direkter Einfluss das neue Muster durcheinanderbringt und ihn ständig auf die ursprünglichen Werkseinstellungen zurücksetzt. Glaube mir, sobald die erste intensive Phase eurer Beziehung zu Ende geht, werden sich die Dinge in eine andere Richtung wenden, denn dann beginnt das „reale Leben“. Und wenn das passiert, willst du definitiv diejenige sein, die das Boot steuert.

Der einzig mögliche Weg, sie aufzuhalten und wirklich unabhängig zu werden, IST NICHT, in einen offensiven Kampf mit ihr zu treten – niemals. Stattdessen schiebst du ihm den schwarzen Peter zu. Mit anderen Worten, du „schießt“ zurück, zielst in seine Richtung und lässt ihn mit dem ganzen Chaos fertigwerden.

Jedes Mal, wenn sie etwas abzieht, was dir nicht behagt, musst du dafür sorgen, dass er den Hals voll bekommt. Bring ihn dazu, jedes Mal zu schwitzen, wenn du auch nur den geringsten Hauch von Feindseligkeit ihrerseits spürst, wenn sie eine falsche Bemerkung macht oder wenn sie auch nur den kleinsten Versuch unternimmt, dich, deinen Mann oder deine Kinder in irgendeiner Weise zu dominieren – egal wie „gut gemeint“ dies auch gewesen sein mag. Es geht darum, immer am Ruder zu bleiben und auch in den schwierigsten Zeiten nicht nachzugeben. So kann er sicher sein, dass er mit dir eine Person an seiner Seite hat, der er bedingungslos vertrauen kann. Die Tatsache, dass du das Ruder fest in der Hand hältst, wirkt sich positiv auf sein Gehirn aus, weil seine Entscheidung, dich als Lebenspartnerin zu wählen, so ständig validiert wird. Wundere dich also nicht, wenn er jedem seine Zähne zeigt, der sich mit dir anlegt, einschließlich seiner eigenen Mutter.

Denke also immer daran – denn das ist die wichtigste Lektion in Bezug auf den Umgang mit deinen Schwiegereltern: Sie darf in keiner Weise mitreden – außer wenn du sie direkt um Rat fragst.

23

PARTNERSCHAFT

Immerhin ist seine Mutter eine ältere Frau mit Lebenserfahrung, von der man einiges lernen kann. Das ist wahrscheinlich der einzige Fall, in dem du deine „feminine Karte“ zückst, um den „Feind“ tatsächlich näher bei dir zu halten. Wenn sie halbwegs normal „tickt“, wird sie positiv reagieren und dir in einer schwierigen Situation helfen. Der Himmel weiß, wie viele Hindernisse es auf dem Lebensweg zu bewältigen gibt, und sie hat sicherlich einige davon mit mehr oder weniger Erfolg überquert. Wenn nicht, dann kann sie jetzt ihre eigenen Fehler korrigieren, indem sie dich in die richtige Richtung leitet.

Vergiss nicht, dass wir nur das wissen können, was wir erlebt haben. Alles darüber hinaus ist bestenfalls eine Annahme oder eine erlernte Vermutung. Sie hingegen hat das alles tatsächlich durchgemacht. Daher weiß sie auch, wie man am besten damit umgeht. Indem du also pragmatisch denkst und das Wissen aus den Erfahrungen deiner eigenen Mutter und seiner Mutter „kumulierst“, wirst du dir das Leben leichter machen, als es sein wird, wenn du dich entscheidest, „allein“ weiterzumachen, ohne zu wissen, was dich erwartet.

Indem du sie dir **von Zeit zu Zeit** als eine Art „Ratgeberin" vertraut machst, wird sie sich von einer potenziellen Erzfeindin zu einer vertrauensvollen Verbündeten entwickeln, die dir auf deinem Lebensweg mit Rat und Tat zur Seite stehen wird, weil sie anfangen wird, mit dir zu sympathisieren. Schließlich war sie auch einmal eine junge Frau mit den gleichen oder ähnlichen Problemen. Du musst nur diese Speicherblöcke aktivieren. Wenn dir das gelingt, wird sogar ihr geliebter Prinz von ihr zu hören bekommen, falls du dich jemals über ihn beschwerst.

Wenn du es also schaffst, zumindest die Illusion zu erzeugen, dass dir ihre Meinung wichtig ist, wird sie anfangen, dir wertvolle Informationen zu vermitteln. Das bedeutet aber mitnichten, dass du nun nicht mehr auf der Hut sein musst.

Erstens musst du einschätzen, ob sie ehrliche Absichten hat. Vielleicht macht sie dir nur etwas vor, um zu bekommen, was sie will. Es wäre nicht das erste Mal. Mütter sind bekannt für ihre Machenschaften, im Hintergrund aktiv daran zu arbeiten, Chaos in einer Beziehung anzurichten. Zweitens – und das ist sogar noch wichtiger – musst du die Kontrolle behalten und sie auf Distanz halten, denn wenn du zu viel ihres Einflusses zulässt, wird diese ganze Strategie, „deinen Feind näher bei dir zu halten", ins Gegenteil verkehrt und der Schuss wird nach hinten losgehen. Sie wird Kontrolle über dein Leben gewinnen, und ist dies einmal geschehen, wird es immer schwieriger werden, sie wiederzuerlangen. Sei also auf der Hut.

Das alles mag nach viel Arbeit klingen, aber das ist die Realität, ob es dir nun gefällt oder nicht. Halte dir einfach stets dein ultimatives Ziel vor Augen. Du willst einen perfekten Mann und eine perfekte Beziehung haben. Hierfür ist der richtige Umgang mit seiner Mutter nur einer vieler Schritte, die du unternehmen wirst, bis du schließlich mit deinem Lebenswerk völlig zufrieden bist.

Hol deine Werkzeuge heraus. Lass uns diesen Elefanten schnitzen.

Der einfachste Weg, aus einem Stein einen Elefanten zu bekommen, ist, alles herauszuschnitzen, was kein Elefant ist.

24

EINEN ELEFANTEN SCHNITZEN

Hast du dich jemals gefragt, warum sich Männer und Frauen in Bezug auf Versöhnungssex „einig" sind? Was ist so besonders daran? Solltest du es vielleicht sogar von Zeit zu Zeit „provozieren"?

Auf der einen Seite ist Versöhnungssex ein Ausdruck unserer primitivsten Triebe und Instinkte; auf der anderen Seite ist er die Art und Weise, wie wir unsere kontinuierliche emotionale Bindung mit unserem Partner in den frühen Phasen einer Beziehung bestätigen. Du kannst die Tiefe dieser Bindung effektiv gemäß der Intensität des Geschlechtsverkehrs nach einem ernsthaften Streit beurteilen. Wie bereits thematisiert, werden wir von bestimmten Hormonen angetrieben; zum größten Teil ist es immer derselbe Cocktail mit nur kleinen Unterschieden im Mischungsverhältnis. Entsprechend kommen dieselben primitiven Instinkte zum Vorschein, wenn du mit deinem Partner streitest.

Wenn wir miteinander streiten, neigen wir dazu, unsere abartigsten und brutalsten Tendenzen zu zeigen. Angetrieben von Cortisol und Adrenalin, wird unser Arbeitsgedächtnis zusammen mit allen anderen sekundären Mechanismen abgeschaltet und wir verwandeln uns in diese primitiven Höhlenkreaturen. Doch gleichzeitig wird jede Frau durch diese Darstellung roher männlicher Kraft unweigerlich erregt. Das Gleiche geschieht in seinem Kopf. Er ist verblüfft über die enorme Kraft, die von so einem zarten Wesen ausgeht. In diesem Moment, in dem jeder dem anderen am liebsten an den Kragen gehen würde, ist Sex das Einzige, was diese verliebten Menschen miteinander verbindet. Das Tier in uns benutzt den Sex, um die emotionale Bindung zu bestätigen.

Deshalb lieben wir alle Versöhnungssex.

Versöhnungssex ist ein wichtiger Teil des gesamten Prozesses, sich einander näherzukommen und sich auf einer noch tieferen Ebene miteinander zu verbinden. Es ist diese rohe, instinktive Aktivität, die von unseren primitivsten Instinkten angetrieben wird, die unter den Schichten des Neokortex unseres Gehirns versteckt sind. Wie gesagt, diese Instinkte befinden sich in den limbischen Teilen des Gehirns, wo Sprache, Logik und Rationalität nicht existieren. Wir können unsere Abneigung entweder durch brutale Gewalt ausdrücken oder aber unsere Zuneigung zeigen und somit einen eventuellen Bruch der emotionalen Bindung mittels Sex verhindern.

Wenn es also keinen Versöhnungssex gibt, dann gibt es keine echte emotionale Bindung zwischen den Partnern.

Aber was führt überhaupt zu einem Streit?

25

FAKTOR 12

Inzwischen hast du erkannt, was du bekommst: eine grobe, ungeschliffene Form, die nach deinen Wünschen geschnitzt und geschliffen werden muss. Mach dir nichts draus; wenn es dir gelingt, das Muster zu ändern und den Mann „süchtig" nach dir zu machen, ist dies kein „Ding der Unmöglichkeit". Nur braucht es dafür ungeheuer viel Zeit und die Geduld eines Buddha.

Wenn du jedoch ein unbeschwertes Leben führen willst, wirst du es nicht vermeiden können, dich mit dem unvermeidlichen Faktor 12 bzw. der Tatsache auseinanderzusetzen, dass dein Mann immer noch der kleine, verspielte Zwölfjährige ohne jegliches Verantwortungsbewusstsein ist, der keine klare Zukunftsvision hat. Sein Verstand beschäftigt sich mit dir, mit Sex und mit sog. Science-Fiction-Fantasien, die er als seine „Ziele" betrachtet.

Es liegt jetzt an dir, mit der Situation richtig umzugehen, und zwar mit Fingerspitzengefühl. Auf der einen Seite willst du nicht, dass er es zu weit treibt und die Dinge überhandnehmen; auf der anderen Seite möchtest du seine Weiterentwicklung, die immer irgendwie stattfindet, nicht im Keime ersticken. Denn dann wird er nie sein volles Potenzial entfalten, und nach einer Weile könnte er sogar anfangen, dich dafür verantwortlich zu machen.

Im Grunde genommen ist das Kind in ihm etwas, was du willst. Nur muss es kontrolliert werden, sonst kann das reinste Chaos ausbrechen. Männer sind dafür berüchtigt, falsche Entscheidungen zu treffen, die sie nicht nur ihr Geld, sondern auch ihr Leben kosten können. Nichtsdestotrotz wären viele ohne diesen kindlichen Geist keine Erfolgsmenschen. Mit anderen Worten, wenn man einzig den zwölfjährigen Jungen aus ihm „herausschnitzt", bekommt man nur ein weiteres wildes Tier.

Also, was genau hat eigentlich diesen Streit ausgelöst, der letztendlich zu dem besten Versöhnungssex geführt hat, den du je hattest?

Seine unreife Reaktion oder die völlige Abwesenheit einer Reaktion. Das ist immer der Grund. Entweder er hat etwas gebracht, was dich total aufgeregt hat, oder er hat etwas, worum du gebeten hast, einfach nicht getan. Eine dritte Option gibt es nicht.

Nun, jetzt kommt der wichtige Teil.

Egal wie unbedeutend sein „Fehlverhalten" auch erscheinen mag, du musst sofort darauf reagieren, von Anfang an. Als Susan Donoghue mit Robert zusammenzog, bekam er zum ersten Mal ihren Zorn zu spüren. Das war, als er mit sage und schreibe sechs Filmen aus der Videothek nach Hause kam. Sie machte ihm ohne Umschweife klar, wie verantwortungslos so etwas ist.

Aus unserer Sicht mag das heute lustig klingen, aber diese Erfahrung hat sich tief in Roberts Gedächtnis eingeprägt. Er erkannte zwei wichtige Dinge, die seine Zuneigung zu Susan nur noch verstärkten.

Erstens wurde ihm klar, dass Susan nichts entging. Zweitens stellte er fest, dass sie selbst bezüglich kleinster und scheinbar unwichtiger Dinge eine klare Haltung hatte. Es waren nur ein paar Filme mehr als sonst gewesen, aber das hatte gereicht, um sie aus der Fassung zu bringen. Für Robert war es das erste Mal, dass er diese Seite von Susan zu sehen bekam, und es hinterließ einen tiefen Eindruck in ihm.

Von da an wurde Susans Schnitztechnik nur noch intensiver. Sie ließ nie etwas „durchgehen", ohne es zu thematisieren und miteinander zu diskutieren. Dies machte Robert zu einem besseren Mann und einem größeren Erfolgsmenschen, denn so wurde er immer wieder herausgefordert. Und durch Herausforderungen entwickeln wir uns weiter – vor allem Männer. Halte jede Herausforderung von ihm fern und lass die Dinge laufen und du wirst ein Weichei erschaffen, das zusammenbricht, wenn du deinen Mann am meisten brauchst.

Natürlich sprechen wir hier über Angelegenheiten, die beide Partner betreffen. Seine Karriere oder seine privaten Aktivitäten sollten nicht infrage gestellt werden; es sei denn, sie gefährden auf irgendeine Weise das Wohlergehen der ganzen Familie. Irrationale Geldausgaben oder Investitionen, die zu ernsthaften finanziellen Problemen führen können, sind zum Beispiel definitiv Dinge, die dein Eingreifen erfordern.

Der Sinn dieser gelegentlichen „Gehirnwäschen" besteht darin, das Kind in ihm unter Kontrolle zu halten und einen Mann zu erschaffen, der sich einerseits nach dir sehnt und es kaum erwarten kann, nach Hause zu kommen, um dich in seine Arme zu nehmen, und der andererseits ein verantwortungsbewusster Mann ist, der durchaus in der Lage ist, selbst die schwerwiegendsten Probleme zu lösen. Denn: Das Leben ist kein Ponyhof, wohl eher eine rauer, wilder „Western“, und ich glaube kaum, dass du dich da mit allem alleine herumschlagen willst, oder?

Genau das wirst du aber, wenn du diesem Zwölfjährigen nicht beizeiten beibringst, dass es manchmal eben nicht ausreicht, einen durchschnittlichen Gehaltsscheck nach Hause zu bringen.

26

WIE DU SEINE (SCHLECHTEN) GEWOHNHEITEN ÄNDERST

Wie oft hat dich schon ein Typ mit einem blöden Spruch angemacht? Wie oft hast du schon gehört, dass ein Mann eine andere Frau oder sogar dich selbst „Baby“ genannt hat? Du glaubst, das ist „harmlos“ und hat keine große Bedeutung? Nun, es ist bedeutsam. Aber nicht so, wie du jetzt wahrscheinlich denkst.

Es geht nicht darum, ihn an der kurzen Leine zu halten und jeden einzelnen seiner Schritte zu kontrollieren. Es geht vielmehr darum, ihm von Anfang an klarzumachen, wo deine persönlichen Grenzen liegen. Nur so kannst du vermeiden, in seiner Gegenwart zu „ersticken“. Indem du bereits auf solche Kleinigkeiten wie beispielsweise die oben erwähnten reagierst, sorgst du dafür, dass er Angewohnheiten, die dir bitter aufstoßen, ablegt.

Bei Angewohnheiten handelt es sich um neuronale Prozesse, die eine bestimmte automatisierte Aktion auslösen. Ein bestimmtes **Signal** löst eine bestimmte **Aktion** in Erwartung einer **Belohnung** aus, wobei es sich bei der Belohnung um eine oder mehrere Belohnungs-Chemikalien in unserem Gehirn handelt, wie Dopamin, Serotonin oder Endorphine.

Zum Beispiel verspürt ein Raucher jedes Mal, wenn er eine rauchende Person sieht, den unwiderstehlichen Drang, sich ebenfalls eine Zigarette anzuzünden. Das Bild der rauchenden Person signalisiert seinem Gehirn, dass es eine Belohnung zu erwarten gibt. Ein Esssüchtiger wird automatisch nach einem Schokoriegel greifen, sobald er oder sie sich ängstlich oder niedergeschlagen fühlt. Ein Mann wird automatisch eine aufrechte Körperhaltung einnehmen, wenn er einer sexy Frau begegnet. Dies alles sind antrainierte Verhaltensweisen, keine instinktiven Reaktionen. Dein zukünftiger Mr. Perfect hat wahrscheinlich eine Menge dieser lästigen kleinen „Marotten", die du von Anfang an ausmerzen solltest, indem du mit solchen „harmlosen" Angewohnheiten beginnst.

Wenn du bereits auf diesem niedrigen Level Erfolg hast, wird es viel einfacher sein, auch die wichtigeren Dinge zu ändern, wie zum Beispiel die Gewohnheit, andere Frauen zur Arbeit zu fahren oder stundenlang mit ihnen in der Bar zu sitzen. Du willst einen seriösen, hingebungsvollen Partner und keinen potenziellen Geschlechtskranken.

Du musst ihm klipp und klar sagen, wenn du mit irgendetwas nicht einverstanden bist. Er muss jedes Mal einen Klaps bekommen, wenn du irgendeine Form von unanständigem Verhalten bemerkst, unabhängig davon, ob es seine Schuld ist oder nicht. Zum Beispiel wenn du siehst, wie eine Frau ihn anmacht, dann darfst du es nicht an ihr auslassen. Stattdessen weist du ihn scharf zurecht und gehst sofort oder du wartest geduldig, bis ihr nach Hause kommt und die Tür hinter euch zumacht. Es wird zu einem heftigen Streit kommen, der definitiv zu einem leidenschaftlichen Versöhnungssex führen wird.

Wenn du nicht so reagierst, wird er das Gefühl haben, dass es nicht verkehrt ist, ab und zu offen mit anderen Frauen zu flirten. Es ist einfach eine Angewohnheit, die er vor Jahren entwickelt hat. Er sieht eine Frau, also flirtet er. Aber sobald sein Gehirn erfährt, dass seine neue Umgebung keine Toleranz für diese Art von Verhalten hat, wird es seine Reaktion ändern, wenn er sich das nächste Mal in einer ähnlichen Situation befindet.

Ja, so unreif ist er. Egal was für ein selbstbewusster Alphamann er auch nach außen hin sein mag, er ist trotzdem ein Mann mit Schwächen und falschen Überzeugungen, wenn es um Frauen geht. Es dauert manchmal Jahre, bis er endlich erwachsen wird und anfängt, „richtig" von „falsch" zu unterscheiden, und in den meisten Fällen ist es die Frau, die ihm diesen Unterschied beibringen muss.

Als Thomas damals bei Rachel einzog, war er nicht wie jeder andere Mann, darüber war sie sehr froh. Er ließ seine Kleidung nicht überall liegen, drehte seine Socken immer richtig herum, legte sie in den Korb und räumte immer die Küche auf, wenn er sie benutzt hatte. In gewisser Weise war er viel ordentlicher als sie. Aber da war diese eine Sache, die Rachel wirklich nervte. Er ließ immer den verdammten Toilettendeckel oben. Thomas hatte einfach nicht die Angewohnheit, ihn herunterzuklappen.

Obwohl er es sich selbst zur Gewohnheit gemacht hatte, seine Socken nach dem Ausziehen richtig herumzudrehen, hatte er sich in seinen jungen Jahren dank seiner Mutter nie in einer Umgebung befunden, in der die Position des Toilettensitzes irgendeine Rolle spielte. Bis jetzt.

Rachel demonstrierte eine Hardcore-Hartnäckigkeit und hatte schließlich Erfolg. Thomas' Gehirn erfuhr, dass die richtige Position eines so unbedeutenden Dings wie ein Toilettendeckel in dieser neuen Umgebung wirklich wichtig war. Würde er oben bleiben, wäre Rachel sauer und würde nörgeln. Doch wenn er heruntergeklappt war, war sie glücklich. Anstatt Cortisol schüttete Thomas' Gehirn Endorphine und ein kleines bisschen Dopamin aus – das perfekte Rezept für die schnelle Entwicklung einer neuen Gewohnheit.

Dieser kleine Fortschritt hat einen Schneeballeffekt, denn eine gute Gewohnheit schafft eine ganze Reihe von neuen positiven Gewohnheiten. Wenn man zum Beispiel einem übergewichtigen Mann ein Notizbuch und einen Stift gibt und ihn damit beauftragt, alles, was er kauft und isst, aufzuschreiben, mit der zusätzlichen Aufgabe, die Notizen mindestens dreimal täglich zu überprüfen, wird er nicht nur eine, sondern gleichzeitig ein paar neue Gewohnheiten entwickeln. Erstens wird er aufgrund besserer Ernährungsgewohnheiten unweigerlich an Gewicht verlieren. Zweitens wird er lernen, besser mit seinem Geld umzugehen. Drittens wird er aufhören, essen mit Depressionen in Verbindung zu bringen.

Genau das Gleiche gilt für unseren Fall. Indem du mindestens eine dieser lästigen kleinen Gewohnheiten bei ihm ausmerzt, setzt du einen Schneeballeffekt in Gang, denn sein Gehirn wird schnell lernen, dass selbst die kleinsten Dinge zu großen Belohnungen führen können. Der eigentliche Durchbruch in Thomas' Fall fand statt, als Rachel ihn mit Sex belohnte, nachdem er eine gute Mahlzeit gekocht hatte. Von diesem Zeitpunkt an assoziierte sein Gehirn das Kochen mit Sex und er wurde schnell zu einem talentierten Heimkoch.

Natürlich musst du ihn nicht jedes Mal belohnen. Er ist kein Affe. Schließlich ist sein hoch entwickeltes Gehirn durchaus in der Lage, sich über einen längeren, fast unbegrenzten Zeitraum Dinge zu merken. Selbst wenn du ihn Nacht für Nacht zurückweist, wird er nie aufhören zu versuchen, es dennoch zu bekommen. Die Belohnung ist einfach zu mächtig.

Wenn du hartnäckig bleibst und diese auf Belohnung basierende Methode bewusst zur Erschaffung bzw. Ausmerzung von Gewohnheiten verwendest, wirst du am Ende genau den perfekten Mann haben.

Aber was für einen Mann versuchen wir eigentlich zu erschaffen?

27

DER IDEALE MANN

In der Tat gibt es zwölf verschiedene Qualitäten, nach denen wir bei einem Mann suchen, den wir für richtig halten. Wenn alle zwölf vorhanden sind, dann ist er in jeder Hinsicht der perfekte Mann. Natürlich lassen sich diese zwölf Qualitäten nur in einem Mann finden, der bereits Gefühle für eine Frau entwickelt hat.

Nun, gemäß unserer allgemeinen Prämisse gehören diese Eigenschaften nicht standardmäßig zu ihm. Die meisten von ihnen entwickeln sich durch ein sorgfältiges „Upgrade" der Werkseinstellungen eines Mannes zu etwas, was besser zu deinen Präferenzen passt.

Im Allgemeinen würde jede Frau es vorziehen, mit einem Mann zusammenzukommen, der die folgenden Eigenschaften besitzt:

1. Ein Blick in seine Augen und du kannst sofort spüren, dass er dich liebt!

Du wirst diese unwiderstehliche und unmittelbare Anziehungskraft spüren, die sich in Form von Schmetterlingen in deinem

Bauch manifestiert. Der plötzliche Hormonschub kann sogar deinen Sexualtrieb auslösen. So kraftvoll kann dieser Blick sein.

Diese Art von Blick kannst du nur bei einem Mann erleben, der dich bedingungslos liebt. Und solange er den gleichen Blick in deinen Augen sieht, wird sich seine Zuneigung zu dir nicht ändern.

2. Er ist ein Gentleman, aber kein „gentle man“

Das ist ein großer Unterschied. Ein Gentleman ist ein starker, selbstbewusster und freundlicher Mann mit einem ausgeprägten Sinn für Frauen und ihre Bedürfnisse, während ein „gentle man“ nichts anderes ist als ein Weichei und ein Schmarotzer. Du willst nicht wirklich mit so einem Kerl zusammen sein, weil er zu nichts nütze ist. Du willst einen Mann, der in der Lage ist, seine rohe männliche Stärke zu unterdrücken und Mitgefühl zu zeigen, selbst wenn du ihn nicht direkt darum bittest.

3. Er ist hoch motiviert, aber nicht leichtsinnig

Für ihn ist Erfolg das A und O. Er ist jedoch geduldig und überstürzt nichts, schon gar nicht auf Kosten anderer. Er weiß, dass „gut Ding Weile haben will“ und ein Ergebnis langer, sorgfältiger Planung und Realisierung ist.

Doch das Beste an seinem Erfolgsstreben ist, dass er es nicht zulassen wird, dass dieses all den großen und kleinen alltäglichen Genüssen und Freuden im Wege steht, besonders wenn es um die Frau geht, die er liebt. Mit anderen Worten, er achtet stets auf das Wohl seiner Frau.

4. Er ist beharrlich mit den Tendenzen eines Träumers

Das ist vielleicht die beste Qualität, die ein Mann vorzuweisen hat. Er will einen Berg, aber er ist sich bewusst, dass nur ein kleiner Hügel in seiner Reichweite ist.

Diese Erkenntnis wird seinen ehrgeizigen Charakter jedoch nicht schwächen. Gleichzeitig wird jeder Erfolg, den er erzielt, sein Ego nicht zu sehr wachsen lassen. Das heißt, er wird bescheiden und respektvoll bleiben, weil er sich bewusst ist, dass es Dinge gibt, die außerhalb seiner Kontrolle und seines Einflusses liegen.

Dieses Realitätsbewusstsein macht ihn zu einem Kerl, der immer hält, was er verspricht.

5. Er hält seinen Körper fit

Wann immer du einen Mann siehst, der wie ein Tier schwitzt, um sich fit und gut in Form zu halten, weißt du, dass du einen Mann vor dir hast, der immer bereit ist, die Extrameile zu gehen. Seine Fähigkeit, sich zu einer solchen Tortur wie Bodybuilding oder Joggen zu zwingen, sagt dir, dass du es hier mit einer Person mit immenser Willenskraft zu tun hast, die in der Lage ist, selbst die stärksten Hindernisse zu überwinden.

Und wenn dich das jetzt immer noch nicht ganz überzeugt hat, dann überleg doch mal: Ein Mann, der nicht in Form und dazu noch übergewichtig ist, ist auf lange Sicht ein schlechter Liebhaber. Sein Körper kann nicht genug Testosteron produzieren, weil er mit den Folgen seines Übergewichts zu kämpfen hat.

Im Gegensatz zu einem übergewichtigen Mann ist ein fitter Mann ein Musterexemplar für rohe sexuelle Power. Nicht nur, dass er stark genug ist, um dich im wahrsten Sinne des Wortes auf Händen zu tragen, er ist auch gut in Form, was euch beiden intensiven Sex beschert. Einem fetten Kerl in schlechtem körperlichem Zustand wird hingegen in weniger als einer Minute die Puste ausgehen und seine Erektion wird in Nullkommanix zurückgehen.

6. Er ist intelligent, aber nicht arrogant

Mit anderen Worten, er lässt nicht zu, dass seine überdurchschnittlichen Denkfähigkeiten und seine natürliche Intelligenz sein soziales Verhalten beeinflussen. Obwohl er in jedem Gespräch und in jeder Problemsituation die Oberhand hat, betrachtet ihn sein engstes soziales Umfeld als einen unkomplizierten Kerl, wenngleich ihm hoher Respekt entgegengebracht wird.

Leider ist diese Mischung kaum zu finden, denn in der Regel sind die meisten scharfsinnigen und superintelligenten Kerle echte Arschlöcher, wenn es um ihre sozialen Fähigkeiten geht. Ihre Einstellung gegenüber anderen Menschen in ihrer Umgebung kann einfach nur als bösartig bezeichnet werden.

Wenn du also einem Mann begegnest, der zweifelsohne eine intelligente Person ist, mit der man aber leicht kommunizieren kann, ist er ein guter potenzieller Partner.

7. Er bringt dich zum Lachen, und zwar genau dann, wenn du es am meisten brauchst

Es gibt einen Unterschied zwischen einem lustigen Kerl und einem Kerl, der dich zum Lachen bringen kann.

Der erste Typ gehört zu diesen unsicheren Männern, die sich hinter ständigem Scherzen verstecken. In Wirklichkeit sind dies ängstliche Männer, die kaum je Verantwortung übernehmen oder die Initiative ergreifen werden.

Im Gegensatz zu diesen Weicheiern ist ein Mann, der dich zum Lachen bringt, jemand, der deine Aufmerksamkeit verdient. Seine Motivation basiert auf seinem persönlichen Interesse an dir, besonders wenn er es *nicht* gewohnt ist, andere Leute regelmäßig zum Lachen zu bringen. Das deutet eindeutig darauf hin, dass er sich in dich verguckt hat.

8. Er kennt sich in der Küche aus

Professionelle Köche sind in der Regel eingebildete Mistkerle.

Aber ein gewöhnlicher Typ, der zu seinem eigenen Vergnügen kocht, ist eine ganz andere Geschichte.

Erstens ist er sexy, wenn er Zwiebeln mit einem großen Küchenmesser schneidet.

Zweitens musst du dir keine Sorgen machen, am Ende hungrig zu sein oder gezwungen zu sein, ein beschissenes Sandwich zu essen. Da ist ein Mann, der vollkommen in der Lage ist, auch die komplizierteste Mahlzeit zu kochen, nur um dich glücklich und zufrieden zu machen.

Aber es gibt noch eine andere Dimension seiner Kochkünste. Es ist der Dopaminschub, den er spürt, wenn er mit der Zubereitung seiner Mahlzeit fertig ist und von allen, die sein Gericht essen, offensichtlich Anerkennung erhält. Und ein hoher Dopaminspiegel bedeutet eine enorme Menge an sexueller Energie!

9. Er ist immer für dich da!

Es sind diese kleinen Zeichen der Aufmerksamkeit, wenn er dir genau das bringt, was du zu einem bestimmten Zeitpunkt gerade brauchst, wie beispielsweise ein Taschentuch, um dir die Nase zu putzen, oder eine Tasse heißen Tee, wenn dir kalt ist. Oder die Tatsache, dass er es nie versäumt, dir in den Mantel zu helfen oder dir in einem Restaurant den Stuhl zurechtzurücken.

Es zeigt, dass er ständig an dich und deine Bedürfnisse denkt. Und das ist beileibe nichts, was es an jeder Straßenecke gibt. Dieses Level an Aufmerksamkeit findet sich nur bei einer geringen Anzahl von Männern, die sich sehr fürsorglich um ihre Frauen kümmern.

Sicher, du kannst jedem Mann beibringen, diese Dinge für dich zu tun, aber bei einigen Männern kommt das von selbst, weil sie diese Beschützer- und Fürsorgerrolle von Natur aus innehaben.

10. Er muss dir nicht sagen, dass er dich liebt, du kannst es spüren

Jede seiner Taten und Reaktionen, jede einzelne Geste, jede zärtliche Berührung macht deutlich, dass der Mann an deiner Seite praktisch süchtig nach dir ist.

Natürlich, es fühlt sich toll an, wenn er diese drei Worte sagt, aber – Hand aufs Herz – sie sind eigentlich völlig überflüssig. Seine Haltung dir gegenüber und seine Taten sind das, was am meisten zählt.

11. Er ist bereit, von Zeit zu Zeit um deinetwillen einen Streit zu verlieren

Damit handelt er gegen seine eigenen Überzeugungen und Instinkte, denn seine automatisierte Reaktion auf dein Nörgeln wäre eigentlich ein brutaler Gegenangriff.

Er lebt in dem Glauben, dass die beste Verteidigung ein deftiger Gegenangriff ist. In dem Moment, in dem du ihn zur Rede stellst, weil er zwei Tage lang vergessen hat, den Müll rauszubringen oder weil er immer noch nicht diesen verdammten Knopf repariert oder eines dieser anderen 14.876 kleinen Dinge getan hat, geht er erst einmal automatisch in die Defensive. Jetzt muss er alle Kräfte zusammennehmen, die er aufbringen kann, um seine instinktive Selbstverteidigungsreaktion zu unterdrücken. Und dieser Kraftaufwand zählt wirklich.

Weißt du, als er ein Kind war, war Selbstverteidigung eine „Ehrensache". Auf diese Weise verschaffte man sich in seiner Gruppe Respekt. Als er dann erwachsen wurde, war es brutale Gewalt oder ein saftiger Gegenangriff, um etwas zu „gelten".

Aber dann traf er dich.

Und du nörgelst. Wie jede Frau. So sind Frauen halt. Es gibt nun mal eben Dinge, die du nicht allein tun kannst, und da brauchst du seine rohe Kraft, um ein wenig entlastet zu werden. Immerhin sollte er *alles* für dich tun, irgendwie hat er das ja auch versprochen. Wenn er sich nun weigert oder es aus irgendeinem anderen Grund nicht tut, fängst du an zu nörgeln.

Und hier ist der Haken: Wenn er in die Enge getrieben wird, setzen seine Überlebensinstinkte ein und er wechselt in den Verteidigungsmodus. Daher ist seine erste Reaktion die Anwendung roher Gewalt. In seinem Kopf ist es einfach unvorstellbar, dass jemand von deiner Größe es auch nur wagt, ihn anzugreifen. Aber es gibt da ein Problem: Er weiß, dass er seinen primitiven Drang, körperliche Gewalt anzuwenden, unterdrücken muss. *Was soll ich jetzt tun?*, fragt sein Gehirn. *Was ist die optimale Gegenmaßnahme? Denn irgendetwas muss getan werden,* meint das Gehirn hartnäckig. *Wir werden ihre eigene Waffe gegen sie einsetzen. Das sollte eine gute Gegenmaßnahme sein,* erklärt er seinem Gehirn.

So fängt sein Gehirn nach ein paar dieser bitteren Vorfälle an, sorgfältig deine Schwachstellen herauszufiltern und abzuspeichern, um diese beim nächsten Mal, wenn du wieder deine Krallen ausfährst und zu nörgeln beginnst, als Munition verwenden zu können.

Und er muss auch gar nicht lange warten, um seine neue Waffe zu testen...

In kürzester Zeit hast du eine weitere Kleinigkeit gefunden, um an ihm herumzunörgeln, nur diesmal triffst du auf einen gut vorbereiteten Feind. Die Kugeln fliegen in alle Richtungen. Im Laufe der Zeit nehmen die Intensität und die Ernsthaftigkeit des Bombardements zu. Die Gehirnwäsche, die du ihm bei solchen Gelegenheiten üblicherweise verpasst, nimmt nun eine schwere Wendung und verwandelt sich in einen aggressiven Kampf. Früher oder später wirst du verlieren, weil er schließlich die ultimative Waffe herausholen wird – die rohe Gewalt.

Nicht, weil er dich verletzen will, sondern weil er *gewinnen* will. Das ist alles, was ihn interessiert – *zu gewinnen*. Es liegt in seiner Natur, zu konkurrieren und schließlich um jeden Preis zu gewinnen. Leider handelt es sich hierbei um das häufigste Szenario in den meisten Beziehungen. Am Ende gibt es keinen Gewinner. Nur zwei Menschen, die schweigsam und mit großem Abstand voneinander entfernt sitzen, jeder voller Wut und bitterer Enttäuschung, ohne dass irgendein Problem gelöst wurde.

Aber dein Mann ist anders. Irgendwie ist er in der Lage, sein Konkurrenzdenken zu unterdrücken und dich einen Streit gewinnen zu lassen. Allein dieses Maß an Willenskraft, das er investieren muss, um das zu schaffen, ist schlichtweg beeindruckend und sagt einiges über seinen Charakter aus.

Er ist ein Traummann, in jeder Hinsicht.

12. Er wird einen Teil von sich selbst verlieren, wenn er dich jemals verliert

Man hört oft, dass Paare, die schon länger zusammenleben, anfangen, sich gegenseitig zu ähneln. Und es ist die Wahrheit. Weil sie unweigerlich anfangen, Teile von sich selbst zu verlieren, während sie Fragmente ihres Partners oder ihrer Partnerin in den eigenen Charakter integrieren, wodurch jeder das eigene Verhalten etwas verändert. Sie werden praktisch zu einer Mischung „aus-einander".

Dieser Prozess ist bei Paaren, die sich bedingungslos lieben und die Tendenz haben, sich vom Rest ihres sozialen Umfelds zu isolieren, unvermeidlich. Ihre verschmolzene Energie, die nun bestimmte Eigenschaften und Gewohnheiten teilt, ist mehr als genug, um sie aufrechtzuerhalten, ohne jegliche externe Einflüsse zu benötigen.

Aber wenn der eine den anderen verliert, verliert er oder sie praktisch und dauerhaft einen Teil seines Selbst. Der Mann, der dich liebt, der alles mit dir teilt und sogar einige deiner persönlichen Eigenschaften reflektiert, wird sich ohne dich im wahrsten Sinne des Wortes verloren fühlen. Das ist die Definition von wahrer, ungeteilter Zuneigung und Liebe. Etwas, was man anstreben sollte.

Um dieses Level zu erreichen, musst du jedoch zuerst sicherstellen, dass niemand hinter deinem Rücken eine Intrige einfädelt. Du wirst überrascht sein, wo eine solche Gefahr am häufigsten lauert...

28

EINE HINTERTÜCKISCHE ERZFEINDIN

Die meisten von uns sind der Meinung, dass das Konkurrenzdenken bei Männern übermäßig stark ausgeprägt ist. Tatsache ist jedoch, dass Frauen diesbezüglich gar nicht so sehr im Rückstand sind. Der einzige Unterschied ist der Modus Operandi oder die Art und Weise, wie wir unsere Rivalität ausdrücken. Zum Beispiel haben Männer Testosteron-Ausbrüche, um zu messen und zu beurteilen, wer stärker ist. Frauen hingegen bevorzugen einen etwas subtileren oder dezenteren Weg. Zumindest glaubt ihr gerne, dass ihr das tut.

Gehen wir einmal von der Prämisse aus, dass du glücklich verheiratet bist, noch nie mit deinem Mann in der Öffentlichkeit gestritten hast und die Leute im Allgemeinen denken, dass ihr beide das lebendige Idealbild einer perfekten Beziehung verkörpert.

In dem Moment, in dem ihr dieses Level erreicht habt und die Leute anfangen, euch zu bewundern, wird früher oder später etwas geschehen – ob ihr es bemerkt oder nicht. Eine heiße

Nachbarin, eine deiner Freundinnen oder sogar deine eigene Trauzeugin wird deinen Partner anbaggern.

Du wirst instinktiv reagieren und ihn dazu bringen, vor dir niederzuknien, verzweifelt und weinend. Er wird dir stundenlang zu erklären versuchen, dass er nichts mit dieser Frau hatte, die offensichtlich die Grenzen eines moralisch akzeptablen Verhaltens überschritten hat.

Und das wird sich mit der Zeit auch nicht ändern. Jedes Mal, wenn du ein „subtiles" Lächeln, eine „versehentliche" Berührung oder einen schmierigen Kommentar bemerkst, wirst du ihm auf die eine oder andere Weise deine Meinung sagen. Ungeachtet der Tatsache, dass du weißt, was wirklich los ist.

Also, was ist wirklich los?

Macht sie sich wirklich an ihn ran?

Oder ist es etwas ganz anderes? Vielleicht etwas weniger Ominöses?

Du und dein Mann werdet bald von den Frauen in eurem engsten sozialen Umfeld als das perfekte Paar idealisiert werden. Aus ihrer Sicht lebt ihr die „perfekte Beziehung", was extrem selten vorkommt. Zumindest nach ihrem Wissen.

Du liebst deinen Partner unendlich und bist immer für ihn da. Das Gleiche gilt umgekehrt. Er geht mit dir shoppen, bringt dir morgens Kaffee, hört dir zu, hilft dir bei der Hausarbeit und bei der Gartenarbeit. Einfach ausgedrückt, er tut alles in seiner Macht Stehende, um für dich da zu sein.

Und das respektierst du.

Zwei von zehn Ehen enden in einer Scheidung. Nur einer von tausend dieser beiden „Überlebenden“ wird als „perfekt“ betrachtet.

Laut Definition ist eine „perfekte Beziehung“ eine Beziehung, die auf gegenseitigem Respekt und gegenseitiger Hingabe basiert und gleichzeitig völlig immun gegen jegliche Art von miesen Tricks ist, die von neidischen Menschen ausgeübt werden.

Und die Neider werden mental erdrückt, da in ihrem Kopf zwei widersprüchliche Gedanken herumschwirren.

Der eine ist Neid.

Ich will das. Warum kann ich das nicht haben?

Der andere ist Bewunderung.

Sieh sie dir an! Sie sind das perfekte Paar!

Die ganze Situation führt dazu, dass das neuronale Netz der Neider in einen Zustand der Dissonanz gerät.

Wie bereits erwähnt, entsteht die perfekte Resonanz in der Kommunikation zwischen den Neuronen, wenn ein Individuum von einer einzigen Idee, einem einzigen Prinzip, einer einzigen Meinung oder von einem einzigen Gedanken angetrieben wird. Wenn man vor einer Entscheidung steht, entsteht Dissonanz und infolgedessen oft Angst.

Nun, spulen wir zurück zu deiner frühen Kindheit. Erinnerst du dich an das Mädchen, das früher das Spielzeug anderer Kinder kaputt gemacht hat, nur weil es selbst so etwas nicht hatte? Erinnerst du dich an das Mädchen, das aus dem gleichen Grund die Köpfe der Barbiepuppen abgebissen hat?

Das ist heute immer noch so, nur die Umstände haben sich geändert. Als Erstes kommt der Neid: *Es ist toll, aber ich habe es nicht. Also sollst du es auch nicht haben.*

Dann kommt die Gier: *Es wäre toll, so jemanden zu haben. Ich werde versuchen, Chaos anzurichten. Vielleicht trennen sie sich. Von da an steht er frei zur Verfügung.* Letzteres passiert selten. Es erfordert echte Gefühle, die der jetzt „freie" Ex-Partner bereits für die andere Person entwickelt haben muss, um eine Beziehung mit ihr zu beginnen.

Die Neid-Variante hingegen ist etwas, womit dein Partner leider fast jedes Mal konfrontiert werden wird, wenn er der Frau begegnet, die dich in Sachen Beziehung für erfolgreicher hält, als sie es ist. Das Problem ist, dass er es nicht so sehen wird, wie es wirklich ist, sodass die ganze Situation zu einigen ernsthaften Problemen zwischen euch beiden führen kann.

Wenn er zum Beispiel mit dieser Frau allein ist, wird die Kommunikation ganz anders verlaufen, als wenn du in der Nähe bist. Sie wird versuchen, die Situation zu „erfühlen". Sie wird unwillkürlich einige „versehentliche" Bemerkungen über ihren Sexualtrieb machen oder irgendetwas anderes sagen, um ihre persönlichen Vorzüge hervorzuheben.

Wenn er es „unbemerkt" durchlässt (was er mit Sicherheit tun wird) und nur zurücklächelt, wird es noch schlimmer werden.

Denn **alles, was sie tut** – denke daran! –, **ist,** mit dir zu **konkurrieren!**

Im Gegensatz zu dem, was dein Mann denkt und was auch du denkst, ist er also nicht irgendeine Art „Preis". Sie benutzt ihn nur als Mittel zum Zweck, um zu bekommen, was sie letztendlich will, und das ist der Sieg über dich im ultimativen Spiel! Mach dir also nichts vor: *Du* bist das Angriffsziel.

BEKÄMPFUNGSMASSNAHMEN

Der beste Weg, den Feind daran zu hindern, den Fluss zu überqueren, ist, die Brücke zum Einsturz zu bringen.

In diesem Fall ist diese Brücke dein Mann.

Führe deinen Mann dahin, die Situation zu erkennen, indem du ihm ein reales Beispiel vor Augen führst. Wenn sie sich das nächste Mal wieder ganz offensichtlich zwischen euch zu drängen versucht, reagiere darauf, indem du ihn darauf hinweist. Er muss erkennen, wer das Angriffsziel dieser Frau ist, weil er mit ihrem intriganten Verhalten nicht vertraut ist.

Während seines ganzen Lebens war er noch nie in einer ähnlichen Situation, zumindest nicht bewusst. Wenn doch, dann hat er es sicherlich nicht bewusst wahrgenommen. Es liegt also an dir, ihn über diese unvermeidlichen Konsequenzen eines jeden erfolgreichen und glücklichen Paares zu unterrichten.

Wenn er wirklich der Mann ist, der nur dich will, und du ihn auf die intriganten Anzeichen hinweist, wird er jeder Frau sofort klarmachen, dass er das Spiel durchschaut. Seine Reaktion wird ihr ganz klar signalisieren, dass er einfach zu erfahren ist, um als Schachfigur in diesem verrückten Beta-Frauenspiel benutzt zu werden. Das Wichtigste bei der ganzen Sache ist, dass seine Reaktion Scham in ihr auslösen wird, denn sie wird sich plötzlich entblößt fühlen. Außerdem wird sie Angst bekommen, denn wir alle wissen, wozu ein überfürsorglicher Mann in der Lage ist, wenn er sein Liebstes verteidigt.

Nachdem du dieses letzte Hindernis beseitigt hast, steht einem glücklichen und zufriedenen Leben zusammen mit dem Mann deiner Träume – dem perfekten Mann – nichts mehr im Wege.

29

DAS GEHEIMNIS EINER LEBENSLANGEN, GLÜCKLICHEN UND ERFÜLLENDEN BEZIEHUNG

„Ich habe gehört, dass ihr euch scheiden lasst. Was ist passiert? Ihr beide wart doch ein echtes Traumpaar. Alle haben euch bewundert."

Es ist die häufigste Frage, die gestellt wird, nachdem es sich herumspricht.

Und was ist die häufigste Antwort?

„Er hat mich betrogen. Deswegen."

EHEBRUCH IST DIE FOLGE

Es gab noch etwas anderes, das ihn dazu gebracht hat, einer anderen Frau zu erlauben, in seinen Kopf einzudringen.

Was war es?

In den meisten Fällen (fast 100 %) will niemand auf die Details eingehen, nachdem alles veröffentlicht wurde. Es wird davon ausgegangen, dass die Tatsache, dass er dich betrogen hat, die zugrundeliegende Ursache und der Grund für die Scheidung ist.

Das funktioniert natürlich in beide Richtungen, je nachdem, wer wen betrogen hat.

DIE REALITÄT DER DINGE

Es ist das Paretoprinzip: Nur 20 % aller Menschen sind bereit, bei einer Ehekrise an sich zu arbeiten und der Ursache auf den Grund zu gehen, wobei nur 2 % dieser 20 % letztendlich das Chaos überwinden und bewältigen werden, um schließlich das gesamte Problem zu lösen, indem sie die Hauptursachen verstehen lernen. Die restlichen 80 % sind reine „Nutznießer" und investieren keine Energie mehr in ihre gescheiterte Ehe.

Deshalb nimmt die Anzahl der Scheidungen stetig zu, die auch durch das Bevölkerungswachstum nicht gesenkt werden kann. Die Quoten reduzieren sich nicht durch die Wachstumsrate.

DIE ZWEI HAUPTURSACHEN FÜR EHEBRUCH UND SCHEIDUNG

Es ist das reale Leben. Die alltäglichen Verpflichtungen führen nach der ersten Leidenschaft zu einer völlig neuen Dynamik. Schon bald kommen die Kinder zur Welt, welche die volle Aufmerksamkeit ihrer Eltern fordern. Es wird immer schwieriger, Monat für Monat allen Verpflichtungen nachzukommen. Finanzielle Engpässe und das Leben in der Großstadt (sowie auch in der Kleinstadt!) tun ihr Übriges.

Vielleicht ist dir schon einmal aufgefallen, dass sich die Menschen, die auf dem Land leben, auf den Feldern arbeiten und Lebensmittel produzieren, kaum scheiden lassen und auch nur selten im Krankenhaus landen.

Hingegen sind die in den Städten lebenden Menschen ausschließlich von ihrem Monatseinkommen abhängig. Die Lebensqualität steht in direktem Verhältnis zur Kaufkraft. Das ist ein dominanter Erfolgsfaktor in den ersten Jahren jeder Ehe. So sind Paare gezwungen, mehr zu arbeiten, als sie verkraften können. Das alles führt unvermeidlich zur ersten Scheidungsursache.

DIE ERSTE URSACHE

Die scheußliche ROUTINE

Egal wie dynamisch die Dinge nach außen hin scheinen, wir gewöhnen uns daran. Der Alltag wird zur Routine und wir schalten auf Autopilot. So sehr, dass wir sogar das Gefühl dafür verlieren, wo unsere eigenen Grenzen liegen. So werden selbst komplexeste Aufgaben zur alltäglichen Routine, die wir mit links erledigen.

Und damit kommen wir zur Hauptursache für Scheidungen, vor allem in städtischen Gebieten: die ROUTINE oder ein Mangel bzw. das völlige Ausbleiben jeglicher Dynamik!

Erfahrene Paare, die gemeinsam etwas „durchgestanden" haben, haben ein autonomes System entwickelt, das die Routine erkennt und „automatisch" nach einer neuen Dynamik sucht. So geschieht plötzlich etwas, was die „Fundamente" erschüttert und sowohl den Mann als auch die Frau dazu zwingt, sich erneut zusammenzutun und sich mit dieser Herausforderung zu befassen.

Das können zum Beispiel ein Geschäftsvorhaben, ein Umzug, Gesundheitsprobleme oder irgendetwas anderes sein. In Wirklichkeit kam nichts „wie ein Blitz aus heiterem Himmel". Beide Partner haben – bewusst oder unbewusst – den Lauf der Ereignisse beeinflusst, was zu dieser besonderen neuen Dynamik geführt und letztlich ihre Ehe gerettet hat.

Weniger erfahrene Paare scheitern hingegen an ihrer scheußlichen Routine!

DIE ZWEITE URSACHE

Die zweite Ursache findet sich besonders häufig in unserer heutigen Gesellschaft und modernen Dynamik des Lebens.

Die DISTANZ

Durch die Erhöhung der Durchschnittskosten sind wir gezwungen, immer mehr Energie und Zeit in unsere Karriere zu stecken.

Unsere täglichen Kosten steigen exponentiell mit der Ankunft eines Neugeborenen. Unsere Denkweise und unsere Prioritäten ändern sich, wenn auch nicht von einem Tag auf den andern.

In der heutigen Gesellschaft fühlen sich sowohl der Mann als auch die Frau dazu verpflichtet, sämtliche Bedürfnisse, die damit einhergehen, zu befriedigen, möglicherweise sogar noch darüber hinaus. Um diesen Ansprüchen gerecht zu werden, sind Paare oft gezwungen, lange Arbeitszeiten in Kauf zu nehmen und/oder einen Großteil der Woche unterwegs zu sein (z. B. Berufskraftfahrer, Handelsvertreter, Referenten und ähnliche Berufe).

Das Resultat dieser neuen und (zunächst) aufregenden Dynamik ist ein unglückliches Paar, denn beide Partner sind nicht nur in ein „Hamsterrad" geraten, es fehlt beiden auch an ausreichendem Körperkontakt mit ihrem Partner.

Weniger Kontakt bedeutet weniger Oxytocin-Produktion. Oxytocin, wie bereits erwähnt, ist der Neurotransmitter, der für die Existenz einer Beziehung jeglicher Art verantwortlich ist. Jedes Mal, wenn du deinen Partner liebevoll berührst, aktiviert dein Gehirn die Freisetzung dieses spezifischen Hormons. Infolge dieser Hormonausschüttung frischt ihr eure Bindung sozusagen auf.

Jetzt weißt du auch, warum man im Volksmund sagt: „Aus den Augen, aus dem Sinn."

Dies hat eine biochemische Ursache, die in unserer einzigartigen Natur begründet liegt – nämlich in unserem angeborenen Bedürfnis, sich mit einem anderen Menschen zu verbinden. Da eine Mutter-Kind-Beziehung die intensivste Beziehung überhaupt ist, nimmt die Ehe-Beziehung nun den zweiten Platz ein.

Eure Ehe kann durchaus eine längere Zeit der Trennung überleben, weil ihr beide in den ersten Monaten eurer Beziehung extrem viel Oxytocin ausgeschüttet habt, während ihr euch langsam ineinander „verliebt" habt. Dies hat einen tiefen Eindruck bei euch hinterlassen und Speicherblöcke geschaffen, die bewirken, dass ihr einander „vermisst", wenn ihr getrennt seid!

Aber alles hat seine Grenzen.

Im Gegensatz zu der ultimativen Oxytocin-Freisetzung – die in dem Moment stattfindet, in dem eine Mutter ihr Neugeborenes zum ersten Mal in die Arme nimmt – erfolgt diese im Falle der Ehemann-Ehefrau-Verbindung in einer wesentlich geringeren Dosierung, die zwar immer noch recht hoch ist, aber einfach nicht hoch genug.

Lass einige Zeit verstreichen und die Wirkung des Oxytocins wird bei beiden Partnern nachlassen. Eine große Anzahl von Paaren erlebt das überall auf der Welt, einfach weil einer oder, noch schlimmer, beide Partner mehr oder weniger gezwungen sind, einen Großteil ihrer Zeit unterwegs zu verbringen.

In Kombination führen die beiden genannten Ursachen zwangsläufig zu einer Trennung, falls die jeweilige Problematik nicht rechtzeitig gelöst wird.

Nach einer Weile „gewöhnt" ihr beide euch an diese Situation. Du bist hauptsächlich damit beschäftigt, dich um die Kinder, den Haushalt und deine Karriere zu kümmern, während er sich meistens nur um seine Karriere kümmert und sich für den Kontostand auf eurem Bankkonto den Arsch aufreißt.

Bei Müttern, die zu Hause bleiben, nimmt diese Situation eine zusätzliche Dimension an.

Wenn er nach Hause kommt, nachdem er nur eine Woche weg war, steht er ihr nach Jahren der gleichen Routine tatsächlich „im Weg". Sie fühlt sich buchstäblich gezwungen, ihn zu ertragen, weil er ihre gewohnte Routine durcheinanderbringt, was bei ihr eine negative Reaktion auslöst.

Dies wird unweigerlich passieren, wenn er dann auch noch die schlechte Angewohnheit hat, nach Hause zu kommen, sie keines Blickes zu würdigen, dem Kind über den Schopf zu streichen, sich in seinem Stuhl zurückzulehnen und eine kalte Flasche Bier zu öffnen, um Fußball zu schauen. Nach einer Weile wird sie einfach aufhören, sich um ihn zu kümmern. Stattdessen wird sie anfangen, ihre Freizeit in sozialen Netzwerken zu verbringen, anstatt sich mit ihm zu unterhalten, obwohl sie ihn seit etwa einer Woche nicht gesehen hat. DAS IST DER KRITISCHE MOMENT, DEN MÄNNER UND FRAUEN EINFACH NICHT WAHRNEHMEN.

Wir spüren es. Wir erkennen die plötzliche Veränderung. Nur beschließen wir, lieber die Augen zuzumachen – und verleugnen uns damit selbst.

30

EIN LEBEN IN VERLEUGNUNG

„Es ist nur eine Phase“, ist der häufigste Kommentar.

Es ist keine Phase. Es ist die unmittelbare Folge von Routine und Distanz. Er widert dich an, wenn er versucht, sich an dich ranzumachen. Du bist nicht in der Stimmung – immer und immer wieder.

Was passiert ist: Ihr habt nicht rechtzeitig reagiert. Alle beide!

Indem beide Partner das offensichtliche Problem ignorieren, legen sie den Grund zur Scheidung.

Beide haben jene Routine gespürt. Er fühlte diese erste „kalte Reaktion“ in einem Kuss, in einer Berührung und/oder in einer SMS-Nachricht. Wenn es so weit kommt, ist es schon zu spät. Die Situation hätte viel, viel früher geregelt werden müssen.

Aber da ist dieses unvermeidliche Paretoprinzip. 80 % der Menschen tendieren dazu, Probleme lieber zu ignorieren, als sie zu bekämpfen und zu lösen.

Und jetzt kommt der grundlegende Unterschied zwischen Männern und Frauen und wie sie ihre Beziehung wahrnehmen.

Frauen denken darüber nach, warum sie lieben. Männer lieben einfach. Das ist der Hauptunterschied, wie Männer und Frauen eine Liebesbeziehung erleben.

Darüber hinaus lässt der Sexualtrieb einer Frau nach und kann jemanden, der früher eine unkontrollierte Sexbestie war, in einen sexuell desinteressierten Seifenopern-Fan verwandeln. Der Sexualtrieb des Mannes bleibt hingegen bis ins hohe Alter erhalten.

Wenngleich dieser Unterschied als „normal" oder „banal" betrachtet werden mag, haben wir es hier mit einem ultimativen Interessenkonflikt zu tun, denn Sex ist eine von fünf Säulen unserer wesentlichen Existenzgrundlage.

DAS REZEPT FÜR DIE KATASTROPHE

1. Routine

2. Distanz

3. Interessenkonflikte

4. Meinungsverschiedenheiten

5. Verspätete Reaktion

Der Alltag führt zur Routine. → Ein moderner urbaner Lebensstil führt zu Distanz. → Er wird von Tag zu Tag geiler, während du immer kälter wirst und das sexuelle Interesse verlierst. → Er liebt, ohne darüber nachzudenken, warum, während du liebst und dabei ständig all die Dinge analysierst und überprüfst, die du für wichtig hältst. → Er ist der Meinung, dass er alles Menschenmögliche tut, während du der Meinung bist, dass er dich vernachlässigt. → Ihr beide reagiert nicht rechtzeitig!

Das Ergebnis dieser Kette von Ereignissen ist die Scheidung.

Ehebruch ist nur eine Folge davon. Es ist eine Reaktion und ein Versuch, eine neue Dynamik zu erzeugen.

Wir sind intelligente Wesen mit der Fähigkeit, komplexe Denkprozesse zu vollziehen. Vom Tag unserer Geburt an stimulieren wir unser Gehirn und lernen alles, was wir zum Überleben brauchen. Dabei entsteht eine entscheidende Gewohnheit – unser Gehirn erwartet, immer wieder stimuliert zu werden.

Halte einmal einige Momente lang inne und tue absolut gar nichts. Du wirst rasch bemerken, dass dein Gehirn dich „zwingen" wird, die Dynamik in eine andere Richtung zu lenken und dein neuronales Netz neuen Stimulationen auszusetzen!

Im Endeffekt gibt es nichts Spirituelles in dieser ganzen Angelegenheit, die als „Mensch" bezeichnet wird. Wie bereits erwähnt, sind wir nur eine komplexe, wandernde, chemische Verbindung mit einem äußerst hoch entwickelten neuronalen Netzwerk.

HÖCHSTE ZEIT ZU REAGIEREN

Wenn du anfängst, Veränderungen in Bezug auf eure Kommunikation und euren Körperkontakt bzw. euer Sexualleben zu spüren, ist der folgende Weg der einzig mögliche.

Als Frau – vorausgesetzt du bist aufmerksam – bist du durchaus in der Lage, diese Veränderung zu erkennen. Man spürt sie beim Sex. Solange du seine Leidenschaft spürst, ist alles in Ordnung. Wenn die Leidenschaft jedoch nachlässt und du deutlich spürst, dass er sich nur „entlädt", ist es höchste Zeit zu reagieren, und zwar subito!

Es ist offensichtlich, dass ihr beide euch nach einer neuen Dynamik sehnt!

Aber die Erzeugung dieser neuen Dynamik ist kein harmonischer Spaziergang und auch nichts, was ihr nach erschöpfenden Diskussionen erreichen werdet. SIE MUSS EIN SCHOCK sein, verursacht durch dich (oder ihn). Du musst irgendetwas Verrücktes „abziehen“, was sein gesamtes neuronales Netzwerk erschüttern wird (oder umgekehrt).

Zum Beispiel kündigst du deinen Job und startest eine neue Karriere! Die ersten Monate werden höchstwahrscheinlich äußerst nervenaufreibend sein, weil du die Routine durcheinandergebracht und eure Gewohnheiten verändert hast. Gleichzeitig ist dies der effektivste Schachzug, den du machen kannst.

Oder du verkaufst alles und ziehst um! Er wird keine andere Wahl haben, als dir zu folgen, weil du ihm keine Zeit gegeben hast, über diese Veränderung nachzudenken.

Schließlich bleibt dir noch die Möglichkeit, mit der Eifersuchtskarte zu spielen, um die Stärke seiner Zuneigung zu „spüren“.

31

DER SCHLÜSSEL

Es geht also um eine NEUE DYNAMIK! Das ist der Schlüssel! Das gesamte System muss in seinen Grundfesten erschüttert werden.

Das Beste an diesen „Elektroschocks" ist, dass diese plötzlichen Veränderungen nach einer Weile ganz von allein stattfinden werden, ohne direkten (d. h. bewussten oder absichtlichen) Einfluss seitens der einen oder anderen Partei. Du wirst auf irgendetwas Interessantes stoßen und es ihm mitteilen oder du hast einen „Geistesblitz" und präsentierst ihm diesen. Er wird alles daransetzen, um es zusammen mit dir zu realisieren.

Es wird praktisch zu einer neuen Gewohnheit – die Gewohnheit, die Dynamik zu ändern – als einzige Überlebensmethode, die euch zur Verfügung steht!

So macht man das! Das ist das Geheimnis lebenslanger Ehen. Ab und zu die Routine durcheinanderbringen und eine neue Dynamik erzeugen, die euer beider vollen Einsatz fordert! Wenn ihr das tut, werdet ihr wirklich glücklich bis ans Ende eurer Tage – gemeinsam.

Auch euer Sex wird wieder häufiger und leidenschaftlicher werden. Du wirst wiederkehrend erregt sein und einen Orgasmus nach dem anderen erleben, nachdem du wiederum über etwas Neues gestolpert bist. Es geht um die ständige Stimulation unseres Gehirns – etwas, was wir vom Tag unserer Geburt an gelernt haben!

DER ERSTE SCHRITT

Die meisten Paare entwickeln ihre ganz persönlichen Rituale, wie z. B. einen Cappuccino in ihrem Lieblingscafé zu trinken, im Park spazieren zu gehen oder von Zeit zu Zeit in einem eleganten Restaurant essen zu gehen. Das ist alles schön und gut. Wenn ihr euch jedoch nicht hin und wieder von dem Ort, an dem ihr lebt, wegbewegt, wird all das irgendwann seinen Reiz verlieren.

Bei den meisten Paaren ist es Zeitmangel oder auch mangelnde Motivation, mindestens einmal im Monat Zeit außerhalb des eigenen Wohnortes zu verbringen. Das Problem ist nämlich Folgendes: Solange ihr euch noch in der Nähe eures Hauses befindet oder gar von euren Kindern begleitet werdet, könnt ihr euch nicht richtig entspannen und einander eure Gefühle und Gedanken mitteilen.

Ihr werdet über alltägliche Aufgaben im Haushalt, über die Arbeit und ähnliche Dinge sprechen, aber ihr werdet nicht darüber austauschen, was euch wirklich auf dem Herzen liegt. Und nur solche Gespräche haben die Kraft, das Feuer wieder zu entfachen.

Wenn ihr euch beispielsweise in ein Lokal eures Städtchens begebt, also an einen Ort, an dem ihr nicht ganz allein seid und wo euch jederzeit jemand begegnen könnte, der euch kennt, dann verfügt ihr nicht über die notwendige Intimität, um euch intensiv aufeinander einzulassen.

Also werdet ihr über die gleichen ollen Kamellen sprechen und keine anstehenden Probleme lösen. Wenn ihr dann nach Hause kommt, besteht eine Fifty-fifty-Chance, dass ihr unter den Laken schwitzen werdet. So wie ihr vor Langeweile gegähnt habt, als ihr euch genötigt gesehen habt, euch immer wieder über dieselben Dinge zu unterhalten, genauso gelangweilt fallt ihr jetzt einfach nur ins Bett und schlaft ein.

Was war der Sinn eures „Dates"?

Der Grund, warum ihr überhaupt ausgegangen seid, war, eure Batterien wieder aufzuladen – und zwar alle beide. Der Ort, den ihr beide so sehr liebt, wo „jeder euch beim Namen kennt", beschränkt euch dahin gehend, nur über bestimmte Dinge zu diskutieren. Ihr beschäftigt euch mit den immer gleichen alten langweiligen Themen, während echte Probleme, Spannung, neue Ideen und Anregungen nicht zur Sprache gebracht werden.

EINE NEUE GEWOHNHEIT

Während die anderen annehmen, dass ihr einen Kaffee trinken geht, solltest du dir deinen Partner schnappen, „Ihr könnt mich mal alle kreuzweise" sagen und mindestens einmal im Monat mit ihm irgendwohin abhauen. Geht weit weg und kommt erst in zwei bis drei Tagen wieder.

Es ist nichts dagegen einzuwenden, wenn ihr euch bei eurer Arbeit mit Herz und Seele engagiert. Das ist umso wichtiger, wenn ihr beruflich gerade etwas Neues begonnen habt.

Ein Start-up, das für viele Frauen heutzutage üblich ist, erfordert immens viel Energie und eine hohe Anzahl von Arbeitsstunden. Wenn man da allerdings keine gesunde Balance findet, wird man schon bald ausbrennen. Wenn das passiert, wird es unweigerlich den Bach runtergehen, und rate mal, was als Erstes darunter leidet?

Jawohl. Jede Negativität wirkt sich direkt auf eure Beziehung aus. Jede normale Beziehung muss darunter leiden, wenn man sich täglich mehr als zwölf Stunden auf nichts anderes als auf seine Karriere konzentriert, sieben Tage die Woche. Dein Partner fängt an, sich vernachlässigt zu fühlen, du stehst kurz vor einem Nervenzusammenbruch und schon ein einziges falsches Wort zur falschen Zeit wirkt wie ein Funke in einem Kerosin-Tank.

Um das zu vermeiden, macht es euch zur Gewohnheit, einmal im Monat ein paar Sachen einzupacken und zusammen irgendwohin zu fahren. Lasst Oma sich um die Kinder kümmern, vergesst die Arbeit und geht euch aufladen.

Das ist besonders wichtig, wenn du in einem Beruf tätig bist, in dem Kreativität und Brainstorming mit Problemlösungen gefordert sind. Schon zwei Tage im Monat werden deinen Körper und deinen Geist so erfrischen, dass du danach noch leistungsfähiger bist.

Aber was am allerwichtigsten ist – diese neue Gewohnheit wird eure Beziehung wiederbeleben. Und glaube mir: Sobald ihr euch diese Auszeiten einmal zur Gewohnheit gemacht habt, wird sich eure Lebensqualität derart verbessern, wie ihr es niemals für möglich gehalten hättet.

DIE MACHT DER GEWOHNHEIT

Dies hat etwas mit der Macht der Gewohnheit zu tun. Sobald ihr eine Gewohnheit daraus macht, wird euer Gehirn anfangen, die Belohnung noch an demselben Tag, an dem ihr aus eurem Urlaub zurückkehrt, zu „erwarten“ bzw. herbeizusehnen.

Dies setzt selbstverständlich voraus, dass ihr beide beim ersten, zweiten sowie bei jedem weiteren Mal, wenn ihr zusammen weg wart, eine tolle Zeit miteinander hattet – also sorgt dafür, dass ihr immer das Beste herausholt!

Gute Gewohnheiten etablieren sich in der Regel schnell und effektiv. Sobald unser Gehirn ein Signal empfängt, wird die routinemäßige Aktion automatisch in Gang gesetzt, um die Belohnung zu erhalten. Und die Belohnung ist die Ausschüttung von Dopamin und Serotonin. Es passiert bei euch beiden.

Was ist das Signal?

Euer Alltag! Oder noch besser, die Zeit vor eurer nächsten Auszeit. Und je näher ihr dem Tag kommt, an dem ihr wieder miteinander irgendwohin fahrt, desto mehr steigt eure Vorfreude. Bereits am Tag vor eurer Abreise beginnt ihr, die Auswirkungen des Rausches zu spüren.

Es ist eine lebensverändernde Gewohnheit. Also integriere sie in deinen Alltag, wenn du wirklich in einer glücklichen, dauerhaften Beziehung mit dem Mann deiner Träume leben willst.

Wir sind nun am Ende dieses Buches angelangt. Ich hoffe, dass dir dieses Buch wertvolle Informationen und hilfreiche Hinweise an die Hand gegeben hat. Ich denke, sie werden dich dazu befähigen, mit mehr Leichtigkeit durchs Leben zu gehen und dein volles Potenzial auszuschöpfen. Vor allem aber weißt du jetzt, wie du dich davor schützen und wie du verhindern kannst, in die typischen Fallen zu tappen, denen schon viele unschuldige Frauen in ihrer Unwissenheit zum Opfer gefallen sind. Andere wiederum sind unter dem Einfluss einer falschen oder völlig obsoleten Erziehung „reingerutscht".

Nur Gott weiß, wie viele Frauen da draußen in der Welt in ihren Beziehungen ersticken und unendlich leiden, nur weil sie es unbewusst versäumt haben, die richtigen Voraussetzungen zu schaffen und den richtigen Mann für sich selbst auszuwählen.

Viele Frauen enden als das, was man als „Sklavinnen“ bezeichnen würde – sie werden erniedrigt, belästigt und sogar missbraucht oder – falls sie Glück haben – sie sind einfach „nur“ unzufrieden und deprimiert für den Rest ihres Lebens.

Es ist mein Wunsch und meine Mission, dass sich dieser Missstand langsam, aber sicher ändert, angefangen bei dir.

Schließe dich mir an und starte eine Revolution, die hohe Wellen schlägt. Gemeinsam können wir die Welt, in der wir leben, verändern und zu einem besseren Ort für uns und unsere (Kindes-)Kinder machen. Eine Welt, in der Mann und Frau einander gleichgestellt sind und sich gegenseitig motivieren, sowohl im Privat- als auch im Berufsleben. Eine Gesellschaft, in der Frauen nicht mehr Opfer körperlicher Gewalt und Sklaverei sind, sondern in der sie mit der bedingungslosen Unterstützung ihres Partners und ihrer Familie ihr volles Potenzial entfalten können. Fortschrittlich denkende Menschen, die ihre Energie und ihr kreatives Potenzial für Positives nutzen, und nicht dafür, über den anderen zu herrschen und ihn zu kontrollieren.

Hoffentlich wirst du dein Wissen an andere Frauen in deiner Umgebung weitergeben oder zumindest an deine Tochter (wenn du eine hast), sodass es künftig keine Frauen mehr geben wird, die ihre Zeit damit verschwenden, einem Phantom hinterherzujagen. Stattdessen wird jede von ihnen – dank deiner Anleitung – frei und unabhängig die richtige Wahl für sich treffen.

Kläre die Frauen in deinem sozialen Umfeld auf. Bringe ihnen bei, an welchen Zeichen man die unwürdigen Männer erkennt, die ihre Weiterentwicklung verhindern wollen, und woran man diejenigen erkennt, die daran interessiert sind, sie zu fördern und einander zu ergänzen.

Gleichzeitig möchte ich dich bitten, die längst überholte Art zu überdenken, mit der Jungen – ggf. deine Söhne – häufig immer noch erzogen werden. Sie sind diejenigen, die von Kindesbeinen an Frauen als gleichberechtigt wahrnehmen und verstehen müssen. Sie müssen begreifen, dass dauerhaftes Glück nur in Beziehungen bestehen kann, die auf gegenseitigem Respekt und auf gegenseitiger Unterstützung basieren. Sie sollten ihre Partnerinnen dazu ermutigen, obsolete und meist falsche Stereotypen über Bord zu werfen und zu selbstbewussten, erfolgreichen Frauen zu werden.

Die Synergie eines Paares mit einer solchen Geisteshaltung ist stark genug, um Berge zu versetzen! Und jetzt stelle dir einmal Tausende und Millionen solcher Paare vor. Stelle dir ihr kumulatives Potenzial vor!

Dies alles ist möglich, wenn die Männer nur anfangen würden, sich von Anfang an anders zu verhalten. Die einzige Person, die ihnen das beibringen kann, bist du, ihre Mutter. Dein Einfluss auf sie wird unweigerlich einen Schneeballeffekt in Gang setzen, der die chauvinistische Einstellung unserer heutigen Gesellschaft, die für viele Frauen in eine echte Gefahr ausarten kann, nachhaltig verändern wird. Dein zukünftiger Partner sollte dich bei jedem Schritt in diese neue Richtung unterstützen, in dem Wissen, dass dies der einzige Weg ist, unsere Spezies in der Evolution einen Schritt weiter zu bringen. Ihr beide werdet die erste Seite des Kapitels der zukünftigen Menschheitsgeschichte schreiben.

Deshalb bitte ich dich, von nun an **deinem Herzen zu folgen, ohne dabei den Verstand auszuschalten,** weil du diejenige bist, die den Schlüssel zu einer besseren Zukunft in der Hand hält.

Ich wünsche dir alles Gute und viel Erfolg dabei!

DANKSAGUNG

An meine kleine Schwester, die schon immer mein größter Fan war – ich danke Dir. Du bist mein Lieblingsmensch und mittlerweile eine junge Frau, die noch ihr ganzes Leben vor sich hat. Dich an meiner Seite zu haben, hat mir gezeigt, wie zerbrechlich und zugleich stark jede Frau sein kann. Ich würde es mir nie verzeihen, wenn ich es nicht schaffen würde, Dich zu beschützen. So wie ich es hassen würde, Dich verletzt zu sehen, würde ich es hassen, jede andere Frau verletzt zu sehen. Das ist die Essenz jedes Wortes, das ich schreibe.

Ein besonderer Dank geht an das gesamte Team der Personen, die all das ermöglicht haben – an die geduldigen und kompetenten Redakteure und Designer, die auf jeden meiner Wünsche eingegangen sind, sowie an den Verleger und an jede andere Person, die in irgendeiner Weise dazu beigetragen hat, dieses Buch zu dem zu machen, was es heute ist.

Weiter gilt mein Dank all denjenigen, die während der schlimmsten Stürme meines Lebens für mich da waren. Ihr habt mir geholfen, meinen Weg aus dem Labyrinth zu finden. Ihr habt mich gerettet und mich dazu motiviert, weiterzumachen.

Ihr habt mich zu dem gemacht, was ich heute bin. Ich danke Euch von ganzem Herzen!

Außerdem möchte ich all den bewundernswerten Menschen danken, die so vieles durchgemacht haben und durch meine Zitate und Texte inspiriert wurden, als sie es am wenigsten erwarteten, und die beschlossen haben, dass sie nicht aufgeben, sondern Schritt für Schritt weitermachen werden. Ihr seid der Grund, warum ich das hier mache. Euer Wohlbefinden und Euer Glück sind das Fundament all meiner vergangenen und zukünftigen Recherchen.

Wenn Ihr nicht gewesen wärt, wäre dieses Buch nicht entstanden. Alle meine Gedanken und Worte hätten sich in Luft aufgelöst, wenn ich nicht das Wissen um Eure Sehnsüchte und Bedürfnisse gehabt hätte. Nur so haben meine Zeilen überhaupt eine Bedeutung, nur so sind sie *von* Bedeutung.

Ich bin so überaus dankbar dafür, dass Ihr all die Geschichten, all die schmerzhaften Erfahrungen mit mir geteilt habt. Meine Ratschläge haben Euch geholfen, schwierige Zeiten zu überstehen und zu selbstbewussteren Menschen zu werden. Aber Ihr habt mir ebenfalls geholfen. Mit Euren herzergreifenden Geschichten habt Ihr mich inspiriert und in mir das Bedürfnis geweckt, mein Leben der Unterstützung von Frauen zu widmen, um zu verhindern, dass ihnen das Herz gebrochen wird. Ich glaube fest daran, dass wenn Ihr dieses Buch gelesen habt und alles, was ich Euch darin vermittelt habe, beherzigt, Ihr ganz sicher bei Mr. Right ankommen werdet.

Und jetzt kommt das Wichtigste, was ich Euch abschließend sagen möchte: Ich werde IMMER ein offenes Ohr für Euch und Eure Belange haben und NIEMALS aufhören, Euch mitzuteilen, wie ich darüber denke und empfinde, und Euch handfeste Ratschläge an die Hand zu geben, was Ihr konkret tun könnt.

ÜBER DEN AUTOR

Magnus Lang (geb. am 19. Mai 1986 in München) – Sohn, Bruder, Freund, Blogger, leidenschaftlicher Schriftsteller, Reisebegeisterter und eine sensible Seele.

Das Schreiben war in erster Linie ein Abwehrmechanismus, der ihm geholfen hat, in einem Leben zurechtzukommen, das nicht nur eitel Sonnenschein war. Seit er sich erinnern kann, gab es keinen Vater in seinem Leben. Seine Mutter zog ihn und seine jüngere Schwester allein groß. Zu dritt kämpften sie sich durchs Leben, was sie noch enger zusammenschweißte.

Seine persönliche Lebenssituation brachte ihn nicht nur dazu, Frauen auf besondere Weise zu respektieren und zu bewundern, sondern weckte in ihm auch das Bedürfnis, sie beschützen zu wollen. Und er hat tatsächlich einen Weg gefunden, dies zu tun. Durch sein Schreiben bietet er vielen Frauen auf der ganzen Welt fundamentale Unterstützung an und gibt ihnen wertvolle Ratschläge.

Er begann damit, seine Gedanken als inspirierende Zitate zu formulieren, die er auf seinem Instagram-Account (magnus-lang_) und auf seiner Facebook-Seite (Magnus Lang) teilte. Als er merkte, dass viele Menschen von seinen Zitaten inspiriert wurden und echte Hilfe bekamen, beschloss er, in seinem Blog (http://magnuslang.de/) Artikel über Herzensangelegenheiten zu veröffentlichen.

Obwohl er selbst zu dieser Spezies zählt, geht er mit Männern hart ins Gericht. Ohne ein Blatt vor den Mund zu nehmen, spricht er offen und ehrlich aus der männlichen Perspektive und gibt zum Teil brutale Einblicke in Beziehungen zwischen Männern und Frauen und in die moderne Dating-Welt.

Aber das Allerbeste an Magnus Lang ist: Er macht auch aus seinen eigenen Fehlern keinen Hehl. Allerdings bleibt er dort nicht stehen. Lang hat seine Fehler in „Lektionen“ verwandelt, die er nun mit anderen teilen möchte. Er führt Frauen in die männliche Psychologie ein, in ihre Denk- und Verhaltensweisen, die oft schwer zu verstehen sind.

Langs Art, zu den weiblichen Herzen durchzudringen und sie vor Schaden zu bewahren, ist einzigartig. Er ist der festen Überzeugung, dass Frauen starke, unabhängige und bemerkenswerte Geschöpfe sind, die nicht nur in der Lage sind, auf eigenen Füßen zu stehen, sondern noch weit mehr können.

Nichtsdestotrotz ist sein größter Wunsch für sie, dass sie einen Mann an ihrer Seite wissen, der ihnen hilft, die großen und kleinen Lasten des Lebens zu tragen, und der ihnen die Liebe und Zuneigung schenkt, die sich natürlich jede Frau wünscht. Indem sie seinen Anweisungen folgen, sind Frauen rund um den Globus auf dem besten Weg, ihren Mr. Perfect zu finden.

Printed in Poland
by Amazon Fulfillment
Poland Sp. z o.o., Wrocław